本书由河南师范大学学术专著出版基金资助

财政分权体制下政府义务教育支出研究

康建英 著

人民出版社

目　录

序

    义务教育作为一种具有目标性和工具性价值的公共品，已经成为保障全体国民，特别是弱势群体公平地获得受教育机会的基础工程，成为提高全面综合素质的重要途径，是国家实现追赶战略的必经之路。中国作为人口最多的发展中大国，虽然已经成为世界第二大经济体，但是，中国的经济实力依然不强，再加上财政制度安排上的不足，义务教育一直滞后于国家经济发展，且存在严重的区域间非均衡发展现象，给义务教育全民化和均衡化带来了严峻挑战。为此，从20世纪90年代起，教育学、经济学和哲学等多种学科的学者开始对我国义务教育的均衡发展和教育资源的配置问题表现出了极大热情和关注，研究成果日渐增多。康建英的博士论文基于我国财政体制和教育体制的现实，论证在我国目前特有的国情下，将财政分权制度与义务教育发展相互结合，系统地探讨、评价教育资源的配置，对于落实"教育发展纲要"具有重要参考价值。弟子有研究成果出版，导师不亦乐乎。

    按照西方经济学的理论，义务教育属于公共产品，其投入主体应该由政府负担，这一点已经被大多数国家的学者认同。但是政府之间如何分担教育成本和划分支出责任却没有达成共识。新中国成立以来，我国财政体制一直处在集权与分权的变化之中，教育财政的支出也与之适应，这虽然符合了当时国家的发展大环境，但给教育的公平、持续发展带来了一定影响。财政分权理论的原意是通过"用手投票"和"用脚投票"来刺激地方政府支出的效率而设计，但是我国户籍制度限制了"用脚投票"的自由而造成了二元经济社会，使得教育市场也出现了二元性特征，城乡教育资源差距日益扩大。另外，"中国式财政分权"体制下部分政府官员追逐着政治市场和经济市场上的最大化效益，往往忽视居民社会福利建设，造成公共产品供给的短缺而无法满足居民需求。因此，在缺少问责制的今天，地方政府对"上"负责的态度无法实现居民"用手投票"的机制，最终造成义务教育总体投入不足和区域间差距扩大的现实。该书主要基于上述有关西方财政分权理论、公共产品理论，在中外财政体制对比和财政制度变迁的基础上，详细地剖析了中国教育财政中存在的问题及其对义务教育发展带来的影响，并通过实证研究探讨了社会、经济和相关体制等因素对教育支出规模、效率的影响，为寻找抑制义务教育投资的根源奠定了基础。此外，本书还分析了在委托代理的制度模式下，教育行政部门因缺乏对教育资源的监管、缺乏科学的评估机制而造成了教育经费总体不足而又存在冗余、浪费和低效率现象。最后，作者将均衡、效率和政府努力等指标纳入"因素法"转移支付公式中，设计了教育资源均衡化的实施路径，并提出了义务教育均衡发展的政策建议。

记得阿玛蒂亚·森曾经说过：教育作为一种基本能力，其被剥夺与否，是衡量社会是否提供给底层一条改变其命运的通道以及政府的公共政策是否得当的核心因素所在。在大力提倡构建和谐社会的今天，如何优化教育结构，促进义务教育均衡发展，努力使全体人民学有所教是各级政府所必须正确面对的管理难题，也是摆在我们面前的重要课题。相信该书的出版能为我国的教育发展有所帮助。

原　新

2011 年 10 月 16 日于南开大学

第一章　导言

第一节　选题背景及研究意义

一、选题背景

改革开放以来，特别是近十年来，我国教育事业的发展取得了举世瞩目的成就。据《2005 年全国教育事业发展统计公报》数据显示 [1]，2005 年全国小学的入学率为 99.15%，小学生毕业升学率为 98.42%，比 1990 年相应的数据分别多了 1.35% 和 23.82%；6 岁及以上人口平均受教育年限达到 8.01 年（其中男性 8.5 年，女性 7.51 年），比 1990 年提高了 1.75 年；人口粗文盲率（15 岁及 15 岁以上不识字或识字很少的人口占总人口的比重）降少到 8.33%，比 1990 年时下降了 7.55个百分点。另外，各种受教育程度人口占总人口的比重分别为：大学以上占 5.42%、高中占 12.59%、初中占 36.93%、小学占 30.44%，而 1990 年的相应学历结构分别为：1.22%、8.04%、23.34%、37.06%[2]。相比之下，2005 年人口中接受高层次教育的人数大幅度增加，而只接受小学教育人口比重逐步下降。

---

[1]　教育部：《2005 年全国教育事业发展统计公报》，《中国教育报》2006 年 5 月。
[2]　教育部：《1990 年全国教育事业发展统计公报》，中国教育和科研计算机网，http://www.edu.cn/20011128/3012090. shtml，2006 年 11 月 5 日。

　　然而，教育成绩取得的背后依然存在着诸多问题，主要表现在城乡间、区域间的教育支出以及教育质量差距日益显著[1]。据"全国教育科学'十五'规划国家重点课题——转型期中国重大教育政策案例研究"的调查显示，我国地区间、城乡间人均财政支出的差距在不断拉大、教育差距比经济差距更严重、生均预算内教育经费的差距同样拉得更大。从 1995 年到 2002 年，东部三市与西部五省农村居民人均消费水平的差距从 2.80 倍扩大到 3.73 倍，但人均教育支出的差距却从 3.71 倍扩大到 3.88 倍。除了地区差距外，无论在东部还是西部，城乡间的教育差距也大于经济差距，如东部三市城乡居民人均消费水平的差距从 1.9 倍扩大到 2.34 倍，人均教育支出的差距则从 1.87 倍扩大到 2.97 倍，而西部五省城乡居民前者的数据是从 3.7 倍扩大到 3.82 倍，后者的数据是从 4.73 倍扩大到 5.80 倍[2]。另据王蓉（2001）分析：在全国范围内，小学和初中的生均教育事业性经费支出上的不平等更多是由省内差异引起的，而非省际差异；小学和初中的预算外事业性经费的地区性差异大于预算内事业性经费的地区性差异。从东、中、西三大区域的比较中，王蓉还明确提出在地方财力和学生人数占总人口比例相同的情况下，处于我国中部的很多省份的生均预算内经费投入甚至低于西部地区；在地方财力相同的情况下，中部"二片"省的县、区对小学教育的投入比西部"三片"省的县、区更依赖于预算外资金[3]、[4]。

　　目前，义务教育的非均衡发展和差距的日益扩大，已经成为社会普遍关注的热点问题，并且，此问题解决得好坏还将会进一步影响到我国社会、经济的发展。世界现代化的发展历史表明：教育发展和人力资本积累是一个国家发展水平的重要体现，同时也是经济和社会进一步发展的主要动力。针对我国而言，2000 年，诺贝尔经济学奖获得者芝加哥大学的詹姆斯·海克曼教授也曾明确地指出"人力资本是最终决定中国富裕的资产"[5]。既然教育如此重要，为什么在国家综合实力

[1] 杜育红：《教育发展不平衡研究》，北京师范大学出版社 2000 年版。
[2] 王庆环：《缩小差距——中国教育政策的重大命题》，《光明日报》2005 年 6 月 30 日。
[3] 王蓉：《"十五"期间国家贫困地区预研究——我国义务教育经费的地区性差异研究》，教育部网页，2001 年。
[4] 国家教育部财务司根据义务教育发展情况将全国划分为三片地区，"一片"地区包括北京、天津、上海、广东、江苏、浙江、山东、辽宁、吉林 9 省市；"二片"地区包括河北、陕西、黑龙江、安徽、福建、江西、河南、湖北、湖南、四川、海南、山西 12 省，"三片"地区包括内蒙古、广西、贵州、云南、西藏、甘肃、青海、宁夏、新疆 9 省区。
[5] 詹姆斯·海克曼著，王明方、伊文媛编译：《被中国忽视的人力资本投资》，《经济学消息报》2002 年 12 月 13 日。

和经济发展水平提高的背景下，教育的发展却集聚了如此之多的社会矛盾呢？

　　义务教育具有区域性公共产品的特点，为了弥补义务教育服务的外部性而造成的损失和保证义务教育的公平性，政府需要作为投资主体，运用公共财政职能去化解教育支出中所遭遇的资金短缺以及非均衡发展等问题。而我国的财政制度从计划经济时代的生产建设型财政发展到市场经济体制下的公共财政的历史比较短，政府间的权责关系并没有完全理顺。政府财权和事权的错位，造成税收权力向上集中的同时，教育支出责任却层层下放，这种权责关系反向运动的结果致使基层政府财政困难，无力承担地方基本公共产品的生产。另外，行政集权体制下中央对下级地方官员在任命体制上有着绝对控制权，各级政府在处理公共事务过程中逐步形成"对上负责"而忽略"对下负责"的倒逼机制。再加上以经济发展为中心的改革，使得官员绩效考核深深地烙上了"GDP"的印痕，在追求经济发展和个人职位升迁的政府竞争中，地方政府在有限的财政能力下，很可能会通过挤占社会福利性投入来增加经济发展型公共产品的投入[1]，以便获得经济的高速增长。这种中国式财政联邦主义的激励机制造成了政府公共支出结构的扭曲，也是当前义务教育支出规模不足和差距扩大的根本原因和动力所在。

　　近些年，中央政府虽然一直致力于提高义务教育的投入规模，但由于没有从根本上理清政府间教育支出职责，建立起行之有效的激励与约束机制，各级政府依然在旧的利益格局下不断进行着博弈。

　　鉴于上述实际情况，本书将综合运用教育经济学、公共财政学等理论，围绕着政府权责关系的划分进行规范分析和实证研究，找出教育支出问题的根源，在公共支出的框架下着重研究财政分权给教育支出所带来的影响。最后在不变革国家宏观体制的前提下，试将"均衡"和"效率"目标统一纳入教育财政转移支付的制度设计中，在激励地方政府增加义务教育支出，化解教育支出不足及差距扩大等困难的同时，促使政府注重教育经费的管理和使用，提高教育经费的利用效率，为各地区义务教育更好更快发展提供一些参考。

---

[1] Demurger, S., Infrastructure Development and Economic Growth: An Explanation for Regional Disparities in China?Journal of Comparative Economics, 2001 (29): 95~117.

二、研究意义

1．理论意义

财政分权理论一直是政府间财政关系的经典理论，并且以政府间竞争和经济增长的关系研究居多，而以分权和教育公共支出为主题的研究较少。本研究将财政分权理论和公共支出理论融合在一起，从宏观和微观的角度分析政府的权责关系，研究财政分权体制给政府公共支出结构、教育支出结构和效率所带来的影响，为丰富财政分权理论在中国的实践提供一些案例。

2．现实意义

通过理论与实证研究，考察我国财政分权制度以及其他政策给教育发展带来的不同影响，为政府制定宏观政策和教育体制改革带来一些启发。此外，在分析教育经费利用效率的评估中所提出的解决经费冗余问题的办法以及本书所设计的"因素法"转移支付公式可以为各级政府教育资源的合理配置、经费的有效管理以及机构变革提供借鉴。

第二节　文献回顾及评述

政府义务教育支出本质上属于政府公共支出的范畴，公共支出的研究需要多种理论的支持。首先合理确定政府和市场的职责范围是理顺政府职责的前提，政府只有在市场存在缺陷的领域才有经济干预和资源配置的必要，这其中要对市场失灵、公共产品、公平、经济发展等因素进行充分考虑。第二，由于各级政府有着不同的目标追求和价值取向，在确定了政府介入的公共产品领域，还需要考虑不同级政府间如何划分公共产品的供给责任，以便更加有效地满足当地居民的需要。财政分权理论正是鉴于如何更加有效地提供公共产品而研究政府间权责关系的理论。因此，教育投入需要在财政分权理论的指引下进行分析。第三，政府提供公共产品，进行资源配置的过程中也会出现政府失灵现象，这种现象的产生与特定的政治、经济环境密不可分，有关这些研究的内容集中体现在公共选择理论的有关研究中。因此，本书着重对以上理论进行文献回顾。具体内容如下：

一、政府教育支出理论

（一）市场失灵理论

在现实经济运行中，市场机制表现出很多自身难以克服的缺陷，致使资源配置未能达到最优经济效率状态，即市场失灵。鉴于这种情况，许多市场经济国家都不同程度地植入政府的干预和调节，以政府的宏观管理和调控来克服市场机制本身存在的失灵现象。西方经济学中关于导致市场失灵的理论主要有以下几种：

1. 公共产品理论

公共产品理论从产品的不同层次和特性的角度阐述了市场提供的困难性，为政府和市场的职责划分提供了理论界限。

通常而言，社会产品一般包括公共产品、私人产品和介于两者之间的混合型产品。首先，对于公共产品的生产和提供来说，由于公共产品具有非竞争性和非排斥性特征，市场无法通过价格机制来决定生产的最优规模。鉴于社会对该类物品或服务的普遍需要，而又难以通过定价、收费实现供需均衡的情况，政府的介入则是解决问题的有效途径。其次，对于私人产品的提供，市场机制和政府机制都是可利用的工具，但广泛的经验与事实表明，市场机制提供私人产品往往比政府提供更有效率。其原因在于，市场机制能够通过分散化的处理方式，更为有效地解决经济过程中的激励和信息问题。所以，公共产品理论的结论是，政府机制适宜于公共产品的提供，而市场机制则更适宜私人产品的生产。当然，对于介于公共产品和私人产品之间的混合型产品应如何处置的问题，公共产品理论同样也给出了原则性的回答，就是根据混合产品所具有的公共产品性质或私人产品性质的强弱，或近似于公共产品处置，或近似于私人产品处置，或由政府和市场共同来提供[1]。

就义务教育产品或服务的性质而言，西方学者对它的界定有所不同。巴罗在讨论义务教育融资的效率时，把它当做纯公共产品（Barlow，1970）[2]。而其他文献，尤其是正统教科书，一般都将义务教育视为一种具有外部性的私人产品（Atkinson、

---

[1] 毛程连：《公共产品理论与公共选择理论关系之辨析》，《财政研究》2003年第5期。
[2] Barlow，Robin.Efficiency Aspects of local School Finance . Journal of Political Economy. 1970(78)：1028~1040.

Stiglitz，1980[1]；Boadway、Wildason，1984[2]；Friedman，1982[3]；Hayek，1997[4]）。Tobin 从教育公平的角度出发，认为早期的基础教育是公共产品，政府在提供义务教育时应该注重义务教育机会的均等分配（Tobin，1970）[5]。

国内学者阐释义务教育产品的特点及提供方式时主要认为教育（包括义务教育在内）具有外部性，属于准公共产品。其提供方式既可以由政府提供，也可以由市场提供，但鉴于教育服务的市场化可能会导致教育机会的不公平，主张由政府提供为主（厉以宁，1999[6]；王善迈，2000[7]）。

2. 外部性理论

市场在提供公共产品时出现失灵的主要原因之一是外部性问题造成的，外部性（或外部效益）是经济学的一个重要概念，是指某个经济主体在生产或消费过程中所产生的一种外在于市场体系的影响或效应关系，或者说是一种"未被市场交易包括在内的额外成本及收益"[8]。依据"个人或社会是否无偿地享受了这种额外收益，或者是否承受了不是由他导致的额外成本"这一标准，外在性可分为正外部性和负外部性两种。许多经济学家研究发现，在存在正外部性的产品领域，往往会出现投资不足；而对存在负外部性的产品领域则会出现被过度供应的情况。因此，无论是对存在正外部性还是负外部性的产品来说，市场都无法通过价格机制实现最优资源配置，故需要政府利用公共财政来介入公共产品的生产，如图 1.1 所示。

假设生产某种具有正外部性的产品，决策时所面临的供给曲线 S 和需求曲线 D（与 MPR 和 MSR 重合）。如果将所有的收益（包括外部收益）都考虑进来，人们会以边际社会收益（MSR）为依据进行决策。Q^* 是其最优的消费水平，P^* 是最优价格。但人们的理性决策往往考虑个人收益，以边际私人收益（MPR）为依据进行消费决策。这样，Q_1 将是确定的消费水平，P_1 是支付的价格。从社会的

[1] 安东尼·D. 阿特金森、约瑟夫·E. 斯蒂格利茨：《公共经济学》，上海人民出版社 1994 年版，第 637~639 页。
[2] Boadway, R.W. and D.E.Wildason, Public Sector Economics, Little, Brown & Company (Canada) Limited, 1984：170.
[3] 米尔顿·弗里德曼、罗斯·弗里德曼：《自由选择：个人声明》，上海商务印书馆 1998 年版，第 153~195 页。
[4] 弗里德利希·冯·哈耶克：《自由秩序原理》，上海三联书店 1997 年版，第 166~168 页。
[5] Tobin, J., On limiting the domain of inequality, Journal of Law and Economics,1970（13）：263~277.
[6] 厉以宁：《关于教育产品的性质和对教育的经营》，《教育发展研究》1999 年第 10 期。
[7] 王善迈：《教育服务不应产业化》，《求是》2000 年。
[8] 斯蒂格利茨：《经济学》（上册），中国人民大学出版社 1997 年版。

角度看，该群体消费得太少，有效的消费水平应当是依边际社会收益确定的社会最适量 Q*，而不是依边际私人收益确定的产出量 Q_1。正是由于正外部性的存在，这种产品的生产和销售都会出现不足状态，消费量小于社会最适量，价格低于合理价格，产生无效率。

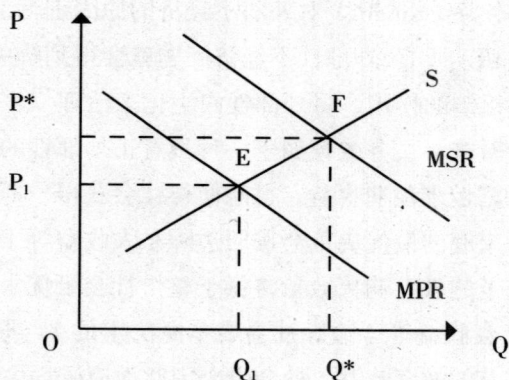

图1.1　正外部性商品的生产

而对具有负外部性商品的生产，因为会对社会产生负效应，从而使社会的边际成本（MSC）大于生产单位的边际成本（MPC），或者社会得到的边际收益（MSR）小于生产单位得到的边际收益（MPR），从而会供大于求。如图 1.2 所示。

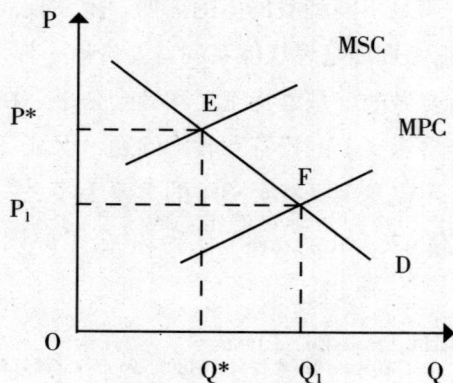

图1.2　负外部性商品的生产

对于外部性问题的治理，不同学者提出了不同的看法。庇古（Pigou）从社会资源最优配置的角度，提出了"边际社会净产值"和"边际私人净产值"的范畴，主张运用"庇古税"解决外部性问题[1]。科斯（Coase）认为外部性的存在是因为产权缺失造成的，主张通过产权制度的调整，将外部性问题纳入市场机制之中，使外部性具有相应的价格。他将外部性、产权和制度变迁联系起来，将外部性引入制度分析之中[2]。奈特（Knight）对外部不经济的原因进行了阐释，并认为将稀缺资源的产权划归为私人所有，外部性不经济问题就会得到解决[3]。奥尔森（Olsen）则主张通过完善市场机制的作用，将外部性内生化来治理[4]。

在教育经济学者看来，义务教育属于一种具有正外部性的混合型产品，它既能给受教育者或其家庭带来预期收益，也能使得社会获得一部分收益。如果单纯地由私人进行安排，家庭的最优决策会按照边际私人收益等于边际私人成本的原则作出决定，这样孩子的教育购买数量将低于整个社会最优水平（社会的最优决策及水平是由边际社会收益等于边际社会成本所决定的）。进而，家长的自私性不仅使孩子未获得应有的教育收益，社会也会因此而遭受损失（Bruce, 1998）[5]。正是由于教育是一种最好的、一本万利的公共投资（Friedman, 1982）[6]，布鲁斯（Bruce）才认为政府有义务提供和发展义务教育。

（二）社会公平理论

经济学家认为，人类当前遇到的真正挑战是既要保持经济的持续增长，还要公平地分配社会资源，满足不同利益群体的需要。罗尔斯（Rolls）认为"正义是社会制度的首要价值，正像真理是思想体系的首要价值一样"[7]。一个健康发展的社会，需要政府首先所做的就是维持正义和社会公平。在教育领域，教育公平已经远远超越了一般经济意义上的投资和收益问题，保证每个社会成员都享有较为均等的受教育机会，不仅是消除社会差距的重要手段之一，而且也是社会稳定与发展的基石。马斯格雷夫（Musgrave）认为，"公平原则"是政府资助教育的

[1] A.C.Pigou. the Economics of Welfare. Macmillan Co, 1952.
[2] 科斯、阿尔钦、诺斯等著，刘守英等译：《财产权利与制度变迁：产权学派与新制度学派译文集》，上海人民出版社 1994 年版。
[3] Andreas A. Papandreou: Extemality and Institutions, Clarendon Press. Oxford. 1994：17.
[4] 奥尔森：《集体行动的逻辑》，上海人民出版社 1995 年版，第 121~123 页。
[5] Bruce, N. Public Finance and American Economy, Addison–Wesley Education Publishers, 1998.
[6] 米尔顿·弗里德曼、罗斯·弗里德曼：《自由选择：个人声明》，上海商务印书馆 1982 年版，第 153~195 页。
[7] 约翰·罗尔斯著，何怀宏等译：《正义论》，中国社会科学出版社 1988 年版，第 1 页。

一个重要依据[1]。政府介入教育投资,应会使每一个人都能获取基本均等的教育机会,避免因教育机会的不均等而造成贫富差距拉大,并在代际传递、继承与扩大。马歇尔(Marshall)认为解决贫富差距,提高穷人收入的正确途径莫过于提高他们的技能,改善他们的性格,而改善贫困者技能的主要手段就是让其拥有与富人平等的受教育机会[2]。政府若要成功地实现教育机会的平等,首先就是要针对所有的孩子实行免费义务教育,在义务教育资源的可获得性上实现机会平等,让其拥有进入教育系统的机会平等(Coleman,1968)[3]。这样不仅可以减少因取证家庭是否贫困而产生的交易成本,还可以防治"杀富济贫"式的极端行为发生,引发税收危机。因此,政府提供义务教育义也是减少贫困和促进社会公正的需要。

(三)人力资本理论

义务教育的生产需要政府提供不仅仅是因为市场失灵和社会公平的原因,就政府本身而言,也有投资教育、积累和提高劳动者人力资本的动机。无论是马克思的政治经济学,还是西方古典经济学、新古典经济学和新增长经济学都曾就人力资本对经济发展的重要贡献和作用给予了充分的肯定。认为劳动者素质(人力资本)具有较强的外溢性特征[4],其技能的提高不仅可以促进自身生产效率的提高,而且还影响到社会制度的变迁和生产技术的提高。

人力资本的提高与积累一般需要通过五条途径:教育、培训、健康、人口迁移和干中学等投资方式形成[5],其中教育是人力资本形成的重要途径。20世纪下半叶,美国经济学家舒尔茨(Schultz)、丹尼森(Denison)、贝克尔(Becker)利用国民生产总值和工人工资的增长,论述了教育在经济发展中的重要作用及其经济效益。另外,世界银行通过对不同国家、不同教育类型的支出分析,得到了教育支出的回报率(见表1-1),进一步揭示了教育对于劳动者素质、劳动生产率的提高以及促进经济增长的重要作用。鉴于初等教育的高效益(这里包括义务教育)特征,大多数国家在教育支出时都对初等教育投入了大量的国家财力。

---

[1] Musgrave, R. A., Public finance in theory and practice. New York: McGraw–Hill,1980.
[2] 马歇尔:《经济学原理》下卷,上海商务印书馆1981年版。
[3] Coleman, J., The concept of equality of education opportunity. Harvard Educational Review, 1968(38):7~22.
[4] 关于人力资本的定义及与经济增长的关系可以参见康建英、陆余妹:《河北省经济增长中物质资本与人力资本的作用核算》,《河北大学学报》2005年第2期,第32~35页。
[5] 舒尔茨:《论人力资本投资》,北京经济学院出版社1990年版,第30页。

　　总之，正规教育、义务教育已经成为各国人力资本的投资重点，成为国家重要发展战略之一。

表1—1　使用精确法求得的不同教育阶段的教育支出收益率（％）

国家	社会			私人		
	初等	中等	高等	初等	中等	高等
撒哈拉以南非洲	24.3	18.2	11.2	41.3	26.6	27.8
亚洲 *	19.9	13.3	11.7	39.0	18.9	19.9
欧洲／中东／北非 *	15.5	11.2	10.6	17.4	15.9	21.7
拉丁美洲／加勒比	17.9	12.8	12.3	26.2	16.8	19.7
经合国家	14.4	10.2	8.7	21.7	12.4	12.3
世界	18.4	13.1	10.9	29.1	18.1	20.3

　　注：* 为非经合国家。
　　资料来源：菩萨卡拉波罗斯（1993）。转引自桑贾伊·拉普丹著，蒋洪、魏陆等译：《公共支出分析的基本方法》，中国财政经济出版社2004年版。

二、财政分权理论

（一）财政分权理论的主要观点

　　财政分权理论是基于效率的目标，论述政府权责分工问题的理论。以1956年蒂伯特（Tibeout）的经典文章《地方公共支出的纯理论》为起点，财政分权理论先后经历了两代发展。（1）第一代财政分权理论主要是从经济学的视角，以新古典经济学的规范理论作为分析框架，考虑政府职能如何在不同政府级次间进行合理配置及如何分配财权的问题。其主要代表人物是哈耶克（Hayek）、蒂伯特（Tiebout）、马斯格雷夫（Musgrave）、奥茨（Oate）等人，其核心观点是，如何将资源配置的权力更多地向地方政府倾斜，通过地方政府之间的竞争，迫使政府官员的财政决策更好地反映纳税者的偏好，从而强化对政府行为的预算约束，改变中央政府在财政决策中忽视地方公民意见的状态 [1]、[2]、[3]、[4]。（2）第二代财政联邦主义理论的发起者主要有钱颖一（Yingyi Qian）和罗兰、温格斯特（Barry R. Weingast）与怀尔德森（D. E. Wildasin）等人，他们抛弃了第一代财政联邦主义关于政府是"仁慈"而"高效"的假定，将激励相容与机制设计学说引入了财政分权理论，并因袭布坎南（Buchanan）的公共选择学说，认为政府并不是普济众生的救世主，政府官员也有自身物质利益追求 [5]，一个有效的政府结构应该实现官员和地方居民福利之间的激励相容，该理论主张"市场维护型的财政联邦主义"（Market Preserving Federalism） [6]、[7]、[8]、[9]、[10]、[11]。

无论第一代还是第二代财政分权理论，都是试图说明财政分权的必要性，但由于学科本身发展的时间短暂和研究范围的广泛，财政分权理论仍旧存在着诸多争议，下面就财政分权理论中的必要性和存在的争论进行表述。

（二）财政分权的必要性

首先在规范研究方面，两代理论都认为基层政府具有信息优势（Stigler，1957[12]；Musgrave，1959[13]；Oates，1972[14]；Buchanan，1965[15]；Qian、Weingast，1997[16]），主张政府间实行财政分权，扩大地方政府的权力，以便能够更好地满足

[1] Hayek, Friedrich .A.,The Use of Knowledge in Society.American Economic Review,1945(35).

[2] Tiebout, Charles, "A Pure Theory of Local Expenditures", Journal of Political Economy. 1956（64）：416~424.

[3] Musgrave, R.A., the Theory of Public Finance. New York: McGraw Hill, 1959.

[4] Oates, W. E., An Essay on Fiscal Federalism, Journal of Economic Literature, 1999（37）：1120~1149.

[5] Hehui Jin, Yingyi Qian and Weigast, B., Regional Decentralization and Fiscal Incentive: Federalism, Chinese Style. Mimeo: Stanford University, 1999.

[6] Yingyi and Barry R. Weingast, "Federalism as a Commitment to Preserving Market Incentives". Journal of Economic Perspectives. 1997（11）：83~92.

[7] Yingyi,And Roland,G.Federalism And Soft2 Budget Constraint,American Economic Review,1998(88).

[8] Montinola, G., Yingyi Qian, and B.R. Weingast, "Federalism, Chinese Style The Political Basis for Economic Success in China". World Politics, October, 1995（48）：1.

[9] McKinnon, Ronald I. Market−Preserving Fiscal Federalism in the American Monetary Union, in M. Blejer and T. Ter-Minassian, eds., Macroeconomic Dimensions of Public Finance:Essays in Honor of Vito Tanzi , 1997：73~93.

[10] Weingast, Barry R., the Economic Role of Political Institutions: Market−Preserving Federalism and Economic Development. Journal of Law Economics, and Organization, 1995（11）：1~31.

[11] McKinnon, Thomas Nechyba ,Competition in Federal Systems: The Role of Political and Financial Constraints,in J. Ferejohn and B. Weingast, eds., The New Federalism: Can the StatesBe Trusted? (Stanford: Hoover University Press), 1997：3~64.

[12] Stigler,Tenable Range of Function of Local Government,On Federal Expenditure Policy for Economic Growth and Stability,Joint Economic Committee,Subcommittee,Washington,D.C., 1957：213~219.

[13] Musgrave, R. A. The Thoery of Public Finance. McGraw−Hill,New York, 1959.

[14] Oates. W. Fiscal Decentralization. Harcourt, Barce and Jovanovich, 1972.

[15] Buchanan,J.M.,An Economic Theory of Clubs, Economica,19 65(23)：1~14.

[16] R.W.Tresch,Public Finance:A Normati Theory,Plano,TX:Business Publication, 1981：574~576.

居民偏好和实现社会福利的最大化。正如德·托奎维尔（De Tocqueville）所说："在庞大的集权国家内，立法者必须提供一致性特征的法律，而这个特征并不总是适合于风俗和地区的不一致性。"[1] 所以，在一定程度上的财政分权是有其合理性的。

其次，由于财政分权引入了竞争和创新机制，将会有利于公共产品提供的效率。实行财政分权后，地方政府拥有自身独立的利益追求。为了促进地方经济发展，地方政府在税收、财政支出、投资环境等领域展开竞争。政府竞争不仅发生在同一级政府之间，而且发生在不同等级的政府之间，水平竞争和垂直竞争都可能改进公共产品的供给效率[2]。

再次，财政分权有利于减少信息成本。哈耶克（Hayek）认为，分权的好处本质上在于地方拥有更准确、更有效的信息优势。从而，地方政府能够作出更好的决策，更有效率地提供地方性公共财政服务[3]。理查德（Ricard W. Tresch）指出，中央政府对全体居民的偏好了解没有地方政府清楚，鉴于中央政府在经济活动中的不完全确定性，只有由地方政府来提供地方性公共品，社会福利才可能达到最大[4]。胡书东认为，中国传统计划经济体制因为管理的过宽过长和产品供求的复杂，使得经济运行中会产生很多信息成本问题，而这些信息问题则是我国财政分权的基础[5]。

（三）财政分权在公共产品供给中存在的争议

对于以上财政分权的"必要性"仍旧存在着许多争议，其中，财政分权理论中涉及公共产品供给的争议有两点，一是认为财政分权可以促进公共产品的供给，提高供给效率。另一种观点认为分权引发的政府竞争会导致地方无力承担公共产品的有效供给。持第一种观点的以佛雷（Frey）和爱肯伯格（Eichenberger）为代表，他们认为财政分权可以促进地方政府进行竞争，而地区间的财政竞争则有利于地区公共产品的提供达到有效水平[6]。持第二种观点的以奥茨（Oates）、Dmurger、

---

[1]　W.E.Oates,Fiscal Federa lism,NewYork,Harcourt Brace Jovanovich, 1972 : 31.
[2]　Bretion,A.,Competitive Governments:an Economic Theory of Politics and Public Finance.Cambridge:Cambridge Univeristy of Press,1998.
[3]　Hayek, Friedrich .,The Use of Knowledge in Society.American Economic Review,1945(35).
[4]　Ricard W.Tresch., Public finance. Business publication.Inc.1981 : 574~576.
[5]　胡书东：《经济发展中的中央与地方关系——中国财政制度变迁研究》，上海三联书店 2001 年版。
[6]　Frey, Bruno and Reiner Eichenberger, FOCJ: Competitive Governments for Europe. International Review of Law and Economics, 1996（16）: 315~327.

Letelie 为代表，他们认为政府竞争会导致地方公共产品供给不足或区域经济差距拉大。奥茨（2001）的研究表明，地方为了吸引新的公司，可能通过降低环境标准以减少对所在地的污染控制来进行竞争。地区间竞争也可能导致公共服务水平处于不足水平 [1]。Dmurger 认为，分权后的地方政府把过多的资金作为生产性投资而忽视了地方公共物品的建设，从而导致了区域经济的不平衡发展。在教育领域中，Letelier（2001）的研究表明财政分权大大地改善了教育效率的提高，而对公共健康质量的改善幅度则没有如此显著 [2]。此外，Rondinelli（1983）[3]、Collins and Green（1994）[4] 和世界银行（1997）的观点认为，对于发展中国家来讲，由于地方政府缺乏一定的行政能力而易受利益集团和政治领导人的控制，容易忽视对地方公共产品的供给，使得地区差距加大。

由于财政分权受到国家政治、经济、文化习俗等多方面影响，世界各国的财政实践就会表现出显著的差异性 [5]。同样，我国的财政分权也受到多种因素的影响，应用不同的指标可能会得出截然相反的结论。

三、公共选择理论

公共选择理论是介于经济学、政治学和法学之间的新交叉学科，其理论特点是将新古典经济学的基本方法应用到政治市场的研究，主要包括政治市场主体（选民、利益集团、政党官员和政治家）行为、集体选择（或说非市场决策）以及政治市场的运行。用丹尼斯·缪勒的定义可以将公共选择理论概括为"非市场决策的经济学研究" [6]。

公共选择理论将政府失灵理论纳入自己的分析视野，从"经济人"的自利性出发，认为由自利的个人组成的政府并非是公共利益的直接代表，只有通过政治

[1]　Oates, W.E., Schwab, R.M., Economic competition among jurisdictions: Efficiency enhancing or distortion inducing? Journal of Public Economics,1988（35）: 333~354.

[2]　Letelier, L.,Effect of Fiscal Decentralisation on the Efficiency of the Public Sector ,The Cases of Education and Health,Conference Paper,57th Congress of the International Institute of Public Finance(IIPF), A.Linz, 2001 ; 27~30.

[3]　Rondinelli DA. Nellis JR. Cheema GS, Decentralization in developing countries: a review of recent experience. World Bank: Washington, D.C., 1983.

[4]　Collins, C., and A. Green,Decentralization and primary health care: some negative implications in developing countries, International Journal of Health Service, 1994（24）: 459~469.

[5]　Breuss 和 Eller(2004) 概述了财政联邦主义的主要观点，并从大量的文献筛选出分权决策所要考虑的五大因素：居民偏好的区域差异、规模经济和外部性、辖区竞争和分工、政治因素、地理和人口条件。

[6]　丹尼斯·缪勒著，王诚译：《公共选择》，上海商务印书馆 1992 年版。

程序或在"一致同意"的条件下，才能实现公共利益目标，否则，必然存在政府失灵[1]。布坎南认为"政府作为公共利益的代理人，其作用是弥补市场经济的不足，但政府决策往往却不能符合这一目标，甚至还会出现削弱国家干预的社会'正效应'和社会福利"[2]。另外，皮考克（Alan Peacock）把公共选择理论的研究分为三个大的政治市场：即初级政治市场、政策供给市场和政策执行市场。在初级政治市场上，政治家把政策"卖"给选民，选民则为政治家支付选票；在政策供给市场上，官员为了实现当选政府的政策目标而提供不同的行政手段；在政策执行市场上，主要分析政策的执行结果及其影响。其中，在政策供应市场中的仙女模型、半仙女模型和女巫模型为解释政府及其官员在公共决策过程中的越位和缺位现象奠定了理论基础（皮科克，1992）。

尽管不同学者的理论有所差异，但总的来看都认为由于选民、利益集团、政治家、政府官员的自利性导致了公共决策的制度缺陷，没有一种理想的机制能够将所有的个人偏好综合成为共同的社会选择。

具体到义务教育领域，由于我国民主、法制体制不完备及区域差异性，在利益集团以及政府官员自利的影响下，居民偏好，尤其是农村地区居民的偏好往往得不到满足。居民手中的选票对政府官员任免的影响在行政集权体制的面前大打折扣，再加上多级代理制中政府——地方政府——选民之间的信息链条过长，监督机制的不健全。各级政府在义务教育中的缺位与越位现象不可避免。因此，如何将公众的偏好和需求反映到义务教育中，使得公共教育财政达到充足、有效、公平是目前构建和谐社会的重要课题。

四、简要评述

以上有关理论从不同角度涉及了政府教育支出的内容。目前，学界对教育支出的研究主要集中在如下方面：

（一）教育投入规模及均衡问题的研究

目前关于我国教育投入不足及均衡问题的研究，大多学者将其缘由归咎于地

---

[1] 戈登·塔洛克：《寻租》，西南财经大学出版社1999年版。
[2] 布坎南著，平新乔、莫扶民译：《自由、市场与国家》，上海三联书店1989年版。

区经济发展水平的落后而导致的教育财政不足、家庭、社会等投资主体对教育成本的负担责任划分不合理等因素（厉以宁，1999；王蓉，2002；杜玉红，2000；沈百富，2003），以及政府努力不够等因素（王善迈，2000）。这些原因总体上反映了教育支出规模与经济发展之间的关系，并从不同角度上说明了支出规模不足的原因事实，然而这些研究并没有注意到宏观体制对教育支出的影响。教育属于区域公共产品，具有较强的外溢性特征。如果政府间的职责划分不清，教育支出就会陷入"公地的悲哀"。因此，教育投入不足背后的深层次原因在于政府间的权责划分不清，在于国家财政体制的约束与激励政策的失衡。

（二）财政分权对教育投入影响的问题

关于财政分权对教育的影响一般都散见于财政分权对公共支出或财政支出的影响中（Keen 和 Marchand，1997；Matsumot，2000；Bucovetsky，1995），而针对教育支出的专题研究较少，并且大部分研究成果都集中在理论层面，而实证研究较少。财政分权体制与各个国家的政治民主进程、文化历史等有着密切关系，因此，财政分权体制对教育支出的影响也存在着很大的差异。比如，Mauro 在考察腐败对政府支出结构的影响时，发现腐败的政府会将更大的比重支出在基础设施，而降低支出于教育的比重[1]。而 Simone 在考察巴西的财政竞争与公共产品供给之后，却没有发现财政竞争有明显的恶化教育与健康的证据[2]。国内虽然也有些学者对此问题进行了部分研究，但研究内容仅限于财政分权与教育支出的关系是否存在替代关系（乔宝云，2005；傅勇、张晏，2006），而系统研究财政分权对各级义务教育效果的影响的则不多见，尤其是对支出效率的研究则少之又少。因此，财政分权对于我国教育支出的影响正是国内理论界急需填补的一个空白。

（三）教育支出效果评价问题的研究

关于教育支出效果的评价主要集中在公共支出的研究框架之内。公共支出的

---

[1] Mauro, Paolo, The Effects of Corruption on Growth, Investment, and Government Expenditure: A Cross Country Analysis in Corruption and the Global Economy, edited by Kimberly Ann Elliott, Washington: Institute for International Economics,1997.
[2] Fiscal Incentives and Public Goods Provision: An Analysis of the Competition among Brazilian States for Investments. http://www.competition-regulation.org.uk/conferences/Brazil/Papers/Uderman_Cavalcante.pdf.2006.12.1.

框架虽然从理论上提出了客观评价的具体项目[1]（斯蒂格利茨，1997；桑贾伊·普拉丹，1999；刘宇飞，2000），但在实际分析中因程序的烦琐和内容的复杂而受到诸多限制。因此，公共支出的分析多以总量和构成评价为主。这种方法虽然从可操作的角度得到了很大的改善，但由于未能综合考虑各地经济发展水平和区域特质等因素的差异，单纯地采用经验对比的方法则不能准确地反映出各地教育支出的成本及效果。因而无法为政府有效地提供教育投入带来参考。只有综合考虑各种因素，借助于其他学科的先进技术手段才能客观地描述出政府教育投入的效果。

　　总之，目前对政府教育支出的研究虽然汗牛充栋，但大都从上述不同环节和角度进行的分析，缺乏系统的研究方法和逻辑框架。

第三节　本课题的研究对象、内容及框架

一、研究对象

　　由于义务教育服务具有区域性公共产品的性质，教育投资的主体可以分为个人（家庭）、社会、政府、企业等，鉴于政府的职责和国际上义务教育融资的经验，政府担当义务教育投资主体的角色责无旁贷。因此，本书研究的主要对象是"政府"这个支出主体在义务教育支出中的行为及结果。此外，本书还将分析目前的宏观政策、体制对教育公共支出的影响。

---

[1]　斯蒂格利茨认为对政府支出的分析应该遵循着八个步骤：政府支出项目的客观需要，了解其提出的背景和发展历史，以及提出这个支出项目的直接需要；分析这个支出项目的需要和需求源是否同市场失灵现象相关联；探讨政府干预的不同形式；是否实现了资源的有效配置；是否达到了满意的分配效果；平等与效率的权衡和替代关系；对支出项目的评估；据此考察支出的政治决策过程。而刘宇飞认为对公共支出分析应该包括阐述公共产品理论、公共产品的公共部门的运作及其效率，以及公共支出的结构、规模和效果评估等几个主要内容不同供给方式。最为流行的桑贾伊·普拉丹的观点认为应该从以下几个方面评价公共支出的效果，即公共支出水平与宏观经济发展水平是否相适应；总支出在各个部门之间和各个部门内部之间的配置是否能够实现社会福利的最大化、是否有助于改善贫困阶层的社会福利；政府与私人部门的职能范围应该怎样划分；考虑公共支出项目的投入组合，或者资本支出和经常性支出配置应该如何，并对经常性成本、非工资性运营维护费用以及人员费用及其标准进行评估；通过对公共支出的分析，让政府政策制定者提高自我分析能力，发现自身体制缺陷并加以改正，以提高公共支出效率。

二、研究内容

本研究将以公共财政支出为分析框架（主要包括公共支出的规模、支出的差距以及效率评价），结合财政分权理论，剖析政府在教育领域的职能划分、财政分权体制对政府行为所蕴涵的激励与约束机制，以及分析财政分权和其他社会政策对教育支出的影响（主要是给教育投入的规模差距和资金使用效率等方面的影响）。本研究还将在不变革国家宏观政策体制的前提下，设计"因素法"转移支付公式，对目前教育支出领域中存在的问题进行探讨，为促进公平、有效、均衡地实施义务教育支出提供一定的参考。

第一章，导言部分，首先以现实教育领域中存在的问题为背景，阐述研究的意义和必要性。接下来就本研究题目所涉及的理论进行综述和评价，为正文的理论研究进行铺垫，随后提出了本研究的对象、内容和框架，以及研究方法。

第二章着重对政府提供义务教育以及如何合理划分政府权责的规范进行分析。主要通过公共产品的分层理论及其有效供给的分析，为政府提供义务教育进行理论铺垫。认为，义务教育属于区域性公共产品，具有强烈的外溢性特征，其提供方式需要中央政府和地方政府共同负担。另外，通过综合比较国际上的经验，认为在对义务教育实行共同分担的体制中，中央政府和省级政府需要在财政方面负担更大的比重，基层政府的职责重点是对义务教育进行管理和使用。

第三章从我国财政体制、教育财政体制的历史变迁中分析集权和分权对教育发展所带来的影响。另外，本章还通过对比美国和日本的教育财政制度，为我国教育财政改革提供借鉴。

第四章主要以实证研究为主，分析当前政府义务教育支出所存在的差距状况。利用 1994~2004 年间的数据，通过纵、横向对比的方法分析省际教育经费的规模差距、分项目差距以及农村教育经费的差距。本章的重点将放在教育支出差距的原因分析上，将财政分权体制和其他政策、经济因素一起纳入对教育支出比重的影响研究。通过设立模型分析各种因素对于教育支出比重的不同影响，这在一定程度上丰富和完善了财政分权理论在我国的应用。最后，通过中央和地方政府的博弈分析，说明在缺少了规范的财政约束与政府职责的合理划分时，政府间竞争会使得义务教育投入陷入"公地悲哀"的境地。

第五章主要针对教育经费的使用效率进行研究。本章通过运用数据包络线的方法，从微观的技术效率、规模效率和纯技术效率着手，综合对比各省教育经费的利用效率，分析各省教育资金的总体、分项目使用中存在的冗余及不足，这对于科学引导义务教育的支出方向和转移支付具有指导意义。随后，从财政分权和其他社会政策角度出发，分析影响教育资金使用效率的原因，为政府提高教育资源配置效率提供参考。

第六章主要论述财政转移支付理论，并从可操作的角度设计了"因素法"财政转移支付公式，将"均衡"和"效率"理念统一纳入转移支付的制度设计中，改变以往只注重"均衡"的思维方式，试图在不变革国家宏观制度的前提下，通过转移支付这种国际惯用的财政手段，弥补财政分权体制给教育支出所带来的负面影响，在激发地方政府增加教育支出的同时，引导其注重教育经费的管理和使用，提高利用效率，为今后财政体转移支付的制度化、公开化、科学化和动态化提供一些借鉴。

第七章是本研究的最后结论和政策建议。本章将对以前章节的论述进行归纳和总结，并提出相应的政策建议。

三、研究框架

政府义务教育支出是一个跨学科的复杂性课题，如何科学、准确地把握投资主体——政府的行为，则需要系统的分析框架作为指导。本研究主要以公共支出的框架为背景，并结合财政分权理论，以规范和实证研究两种方法进行分析。

公共支出的框架模式首先是确定公共产品的属性，然后依据产品的属性来确定公共服务承担的主体——政府或者公共部门以及支出的合理范围。在确定了提供主体的支出范围后，将进一步讨论支出（投资）的内容，主要包括规模、结构、效果的评价。其中，效果的评价应与公共财政的目标相联系，评价的内容主要有效率、公平和稳定。

本研究在遵循这种模式研究的同时，从规范和实证研究两种角度分别对公共支出框架下的内容进行描述，具体如下：

1. 规范分析

首先从公共产品的属性出发，依据公共产品不同分层及其特性，为政府与市场的分工、政府与政府间的分工设置逻辑起点。通过国际经验对比，为政府间义务教育支出职责的合理分工提供借鉴。在效果的评价时借鉴公共选择理论中，分析政治决策过程中存在的主要问题，如政府失灵等。

2. 实证分析

在规范研究结束后，将运用实证分析来评价公共支出的效果。鉴于公共支出涉及范围的广泛和复杂性，义务教育投入适宜以总量分析和项目构成分析为重点，这里主要包括对规模、结构和效果的评价。其中效果评价主要是围绕公共财政的目标（效率、公平和稳定）展开，以效率和差距分析为主。本研究最后的转移支付制度设计，也是用实证的方法进行数值模拟和对比。

四、研究方法

本研究遵循四个结合的原则来进行研究：规范分析与实证分析相结合、宏观分析与微观分析相结合、定性分析与定量分析相结合、纵向分析与横向分析相结合。

1. 规范分析与实证分析

规范分析方法研究的是"应该是什么"，而实证分析研究的"是什么"。在划分政府职能时，财权和事权的分配是否均衡了各地区居民的利益，是否满足了地方政府的管理需求等，都需要应用规范分析。在度量教育支出的结果时，我们只对资金的流向进行分析，对于支出结果进行客观描述，至于所产生的后果的好坏，则不作评价，只作客观描述就是应用了实证分析的方法。

2. 宏观分析与微观分析

宏观分析与微观分析是经济学常用的两种研究方法。宏观分析研究一般侧重于一个国家或者一个地区的经济现象或规律，研究资源的整体配置、均衡、需求与供给等问题。本研究将在省级政府和东、中、西部地区的角度研究教育资源的配置。而微观分析侧重于单个经济实体研究，比如厂商、家庭。在教育支出中我们把家庭、政府都作为单个经济实体，按照经济学的"追求利益效用最大化"、"理性人"的假设进行教育支出博弈，分析导致差距的原因，这就是微观分析的方法。

3. 定性分析与定量分析

定性分析是通过比较事物的异同，概括事物的类型，把握事物的规律，具体包括归纳演绎法、矛盾分析法、分析综合法、科学抽象法等。本研究主要运用分析综合法，先从各个区域的教育经费、教育经费的构成出发，分析教育资源配置的情况，再从整体上考虑资金的分配和各级政府应该负担的责任问题。

定量分析就是对研究对象的数量关系进行度量、计算和说明。其优点是可以简化资料、便于从已知判断未知、具有准确性、给人以清晰的感觉等多种优点。定量分析的方法包括统计分析法、计量法、数学模型法。本研究对于经费差距的度量就会用到定量的方法。

4. 纵向分析和横向比较

纵向分析是对事物的变动轨迹进行历史分析，也称时间序列分析。本书中的财政分权制度变迁以及各省教育支出的历史变化就是用纵向分析的方法。横向比较是在同一时间比较具有共存关系的事物，可以揭示静止状态下事物的差异，例如比较各区域教育经费的差距、教育经费中个体构成的差异等。研究公共支出的结构只有综合运用纵向分析和横向比较的方法，才能从多维度的角度得到比较全面的研究结论。

第四节　创新点及进一步研究的问题

一、创新点

本研究基于公共产品理论，从政府职责的划分出发，论证了财政分权政策对我国政府义务教育支出所带来的影响，并剖析了教育支出差距扩的经济、政策原因。论证过程中主要有两点创新：

1. 分析财政分权对教育支出规模、结构的影响。义务教育支出及其差距从某种程度上说是由各地区的经济与财政能力决定，然而只将问题归因于经济因素并非问题的本质。因为在既定的经济条件和财政能力下，政府可以根据宏观政策的激励与约束变通公共支出结构，以便获得自身的效用最大化。本研究将验证财政分权和其他社会政策制度对我国政府公共支出和义务教育支出的影响，为丰富财政分权理论在我国的应用提供案例，这是本书的一个创新点。

2. 利用数据包络线的方法对政府义务教育支出的利用效率进行评估，分析各地区、各类义务教育支出项目中存在的沉余与不足，并从财政分权、社会政策和其他经济、社会因素的角度分析各地区教育支出的技术效率、规模效率差距存在的根本原因，也是本书的一个创新。

此外，本研究还将"均衡"与"效率"两个目标融入"因素法"财政转移支付的公式的设计中，为规范当前的转移支付制度的设计提供一些参考。

二、研究不足及有待研究的问题

对教育效率和公平问题的研究还需要进一步深化。由于效率和公平内涵丰富，仅从可操作的角度、以资金的投入和学生数量等指标进行定量分析，则会忽略对不同阶层的教育需求，尤其是难以反映对贫困阶层的利益归属。但鉴于数据的可得性，本研究没有对此进行研究，因而也是笔者的一大遗憾。因此，如何客观、有效地对教育的效率和公平进行分析，以及如何把握两者之间的关系是本研究需要进一步探讨的问题。

第五节　相关概念的界定

1. 财政分权

在确定"财政分权"的概念之前，有必要对"分权"作一全面的解释，因为"分权"这个概念具有丰富的含义，弄清"分权"的概念有助于对"财政分权"的理解。

"分权"是指有关公共职能的权威和责任从中央政府向次级政府或准独立政府组织以及私人部门转移，这是一个复杂的多元化的概念。分权一般包括多重含义，即：政治分权、行政分权、财政分权和市场分权等。不同种类的分权具有不同的特征和含义，甚至几种分权之间的内涵往往部分重合。鉴于本研究的需要，仅对财政分权进行分析。

"财政分权"也是一个多维度的问题，单一的指标很难度量分权程度。遗憾的是，正如 Martinez Vazquez 和 McNab（2003）指出的那样，信息的缺乏导致我们不得不用简单的收支份额度量财政分权[1]。现实中大多学者也遵循了这种方法来定义财政分权。其中，乔宝云把财政分权定义为一个省的人均财政支出占人均总财政支出的份额[2]。杨灿明将之定义为中央政府给予地方政府一定的税收权和支出责任范围，允许地方政府自主决定其预算支出规模和结构[3]。

　　鉴于资料的可得性，本研究将财政分权定义为各省人均财政收入、支出占相应的全国人均财政收入、支出的比重。

　　2. 教育支出的概念及其经费来源

　　（1）教育支出的概念

　　教育支出是指一个国家或地区，根据教育事业发展的要求，投入教育领域中的人力、物力和财力的总和，是用于培养不同熟练程度的后备劳动力和各种专门人才以及提高人的劳动能力的人力、物力的货币表现。该定义包含两层意思：第一，教育支出是投入教育领域，而非其他领域的人力和物力的货币表现。第二，教育支出的目的在于培养和提高人的劳动能力。

　　（2）教育支出的经费来源

　　教育支出的来源是多方面、多渠道、多主体的，主要包括国家投资、社会投资和受教育者家庭或个人投资。在我国目前的教育投资体制下，实行的是国家财政拨款，社会团体和劳动群众多渠道筹集的方式。其中国家财经拨款是教育投资的主要来源，包括：国家财政预算内的教育事业经费和基本建设支出，国家政府各部委用于中等专业中等职业技术学校、技工学校的教育事业经费和教育基本建设支出，国家各种专项资金用于教育的支出，国家用于偿还外资贷款的支出，国家财政其他预算内资金用于教育的支出，中央和地方政府机动财力用于教育的事业经费和教育基本建设支出。社会集资包括用于教育的社会税收、教育费附加、社会捐资等。此外，教育支出还包括学校自身投资、学生家庭和个人投资等。

　　对于我国目前的义务教育投资来说，教育经费的主要来源是国家投入，此外，还有少部分社会捐资和企业投资。

[1]　Martinez-Vazquez, Jorge and R.M. McNab, Fiscal decentralization and economic growth, World Development 2003(31)：1597~1616. 转引自张晏等：《分税制改革、财政分权与中国经济增长》，《中国经济学》2005 年第 1 期。
[2]　乔宝云等：《中国的财政分权与小学义务教育》，《中国社会科学》2005 年第 6 期。
[3]　杨灿明等：《财政分权理论及其发展述评》，《中南财经政法大学学报》2004 年第 4 期。

第二章　政府职能与事权、财权的配置

我国在建立社会主义市场经济体制的过程中，通过 1994 年的财税配套改革，已经搭建了一个以分税制为基础的政府分级财政框架。但由于分权体制本身的缺陷和其他条件的制约，各级政府间的权责关系并未真正理清，使得近年来基层政府财政运转困难，地方公共产品无法得到有效供给。因此，科学划分各级政府间的事权与财权，理顺各级政府间关系是解决义务教育等公共产品短缺问题的关键。

第一节　公共产品的层次划分及其有效供给

一、公共产品的层次划分

公共产品理论最早出现于 19 世纪 80 年代，是为适应国家干预经济的需要而发展起来的。很多学者对公共产品的概念进行过界定，它一般是指这样一种产品：每个人消费这种物品时不会导致别人对该物品的消费的减少，这种物品有两个基本特征，一是非排他性，二是非竞争性（Paul A.Samuelson, 1954）[1]。依据公共产品非排他性和非竞争性程度大小的不同，可以将其划分为纯粹公共产品和准公共产品两种。如果依据公共产品的受益范围而区分，则可以将其划分为全国性公共

---

[1]　Samuelson, P. A., The Pure theory of public expenditure ,Review of Economics and Statistics, 1954 (36):387~389.

产品、区域性公共产品和地区性公共产品。其中，全国性公共产品是指其受益范围是跨区域的，甚至国内每一个人均可以享用；区域性公共产品是指受益范围超出单个地区，但其受益程度并非均匀地分布于全国；而地方性公共产品是指受益范围局限于某个特定区域内的公共产品。另外，需要说明的是，公共产品划分的层次与受益范围的层次性并非一一对应。纯公共产品不一定就是全国性的公共产品，而准公共产品也并非就是地区性的公共产品。

鉴于公共产品概念和层次划分的多样性，本研究按照受益范围的大小，将公共产品界定为全国性公共产品、区域性公共产品和地方性公共产品。

（一）公共产品的有效供给

关于公共产品的有效提供，受益学说主张"谁受益，谁付费"，认为提供地方性公共产品的税收应该来自相应的政府级次，并且因地区之间对公共产品的偏好存在着差异，因而分散化配置将有助于效率的提高（Musgrave，1959）[1]。根据公共产品本身的特点、受益范围的不同以及各级政府职责的内在要求，可以判断，地方性公共产品须由地方政府负责生产，全国性公共产品则由中央政府出面提供，然而，这并不意味着逆命题成立。实际上，由地方政府提供的许多公共产品，同时也具有某种外溢性，其受益范围以本地区为主，但也可以在一定程度上超出本区域的界限，成为对其他地区产生一定影响的公共产品。同理，由中央政府提供的许多公共产品，也可能仅仅在某一特定区域内产生其效应。对于公共产品的受益范围与规模经济问题，布坎南曾作出过如下论述："各级政府之间的职责划分取决于公共行动溢出效应的地理范围。每一种公共性的产品和服务仅仅对有限的一组人口来说是公共性的，这组人口的范围大小决定了应该履行职责的政府单位的规模经济。"[2]并且布坎南使用了一个简明的层次图来阐释这一问题，如图 2.1 所示。

---

[1]　Musgrave,R.A.,The Theory of Public Finance,New York:McGraw–Hill,1959.
[2]　詹姆斯·M. 布坎南：《公共财政》，中国财政出版社 1991 年版，第 437 页。

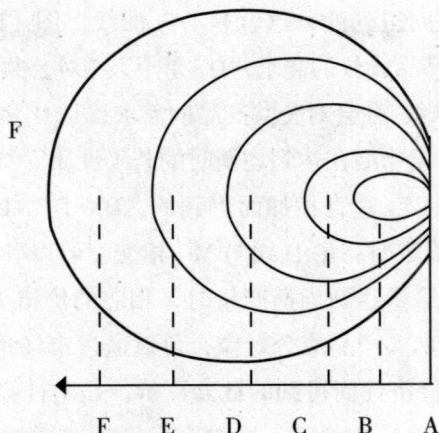

图2.1　公共产品的层次性

注：A. 私人品 B. 娱乐设施 C. 火灾防护 D. 司法制度 E. 教育 F. 国防

　　在上图中，A 点代表单个公民，对大多数私人产品而言，一般由个人独立地支付成本，个人独立地得到收益，几乎不存在超出普通市场机制的溢出效应。因此我们可以视整个私人市场的交易都发生在 A 点处。由 A 点向左移，产品或服务的溢出效应逐渐增强，即公共产品的特征越来越明显，呈现显著的层次性。利益归宿的空间限制性要求这样一种财政结构，它由多元服务单位组成，包括不同规模的地区，在每个地区内决定和提供某种特定的公共服务。

　　根据需要，下面仅就区域性公共产品和地方性公共产品的有效供给加以说明。

　　1. 区域性公共产品的有效提供

　　区域性公共产品是指同时具有公共产品和私人产品特性的产品。比如，本研究中的义务教育。受教育的个人可以通过教育消费增加人力资本，提高工资收入，此时的义务教育具有排他性与消费上的竞争性。但是受教育者个人接受了教育后，还会有助于提高企业劳动生产力，有助于提高整个社会的文化水平与民主水平，从这一角度看，教育是有外部经济性的，并具有公共品的某些属性。所以，义务教育既是公共品，又是私人品。对于这类产品的供给，图 2.2 给出了简明的说明。

　　图 2.2（a）代表个人 I 与个人 J 对于区域性公共产品 X 中私人品成分的需求，D_P^i 曲线是个人 I 的需求线，D_P^j 曲线是个人 J 的需求线，社会对 X 的需求线是由

这两条需求线横向相加而得到的，这就是 D^{i+j}_P 曲线。图（b）代表个人 I 与个人 J 对于 X 物品中的公共产品成分的需求，D^i_E 是个人 I 对公共产品的需求线，D^j_E 是个人 J 对公共产品的需求线,社会对公共产品的需求线是 D^i_E 与 D^j_E 纵向相加得到的，即为 D^{i+j}_E。图（c）说明 X 物品在达到均衡时的若干性质。（1）对区域性产品 X 的社会需求量是由 D^{i+j}_P 与 D^{i+j}_E 垂直相加而得到的，$DX=D^{i+j}_E+D^{i+j}_P$。（2）当 X 的供给线是 MC 线并且 MC 被给定时，由 D 线与 MC 相交，可以确定区域性产品 X 的均衡产量。（3）当 X 的供给量达到均衡产量时，相应的价格为 P+R。其中，P 是市场价格部分，它与 X 的私人产品成分对应，可以通过市场机制收费；R 是由于 X 的公共产品成分与外部经济性而得到的社会评价，是由社会支付的，要通过税收由公共开支来支付给生产 X 的部门。像教育、医疗这样的机构之所以不能完全向私人收费，也不能完全靠政府拨款，而要既向私人收一部分费，又靠政府拨一点款，其原因就在于它们是提供区域性产品的部门。

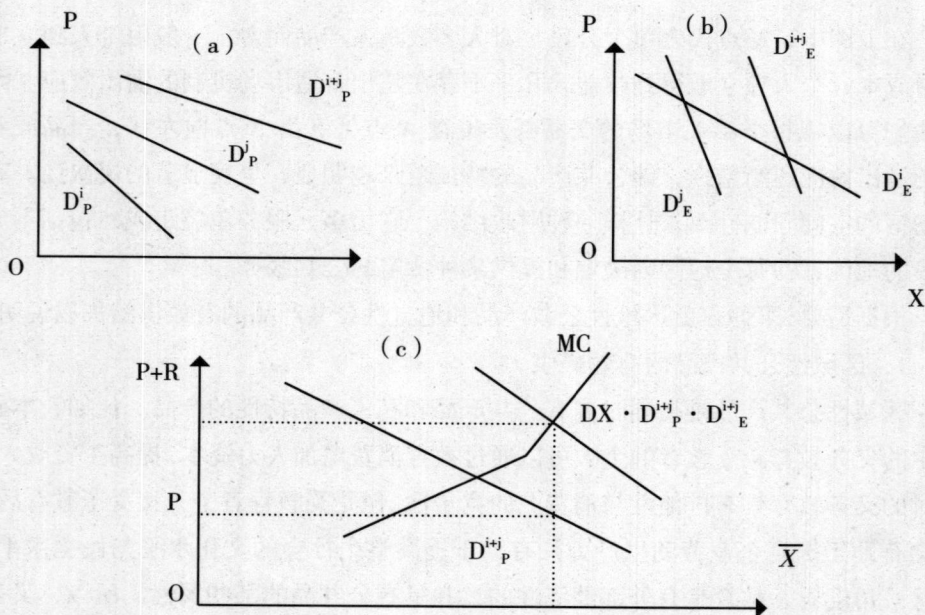

图2.2　区域性公共产品的均衡供给图示[1]

[1]　叶文辉：《中国公共产品供给研究》，四川大学 2003 年博士学位论文。

2．地方性公共产品的有效供给

一般而言，地方居民对地方性公共产品的偏好程度和需求程度各不相同，中央政府若要提供地方性公共产品，就必须考虑各个地区的需要，选择一个尽可能照顾到各个地方综合利益的"量"。但鉴于信息的不对称和成本问题，地方政府相比之下比中央政府更能够针对居民的需求进行有效的提供。关于这种比较的差异我们用图2.3表示。

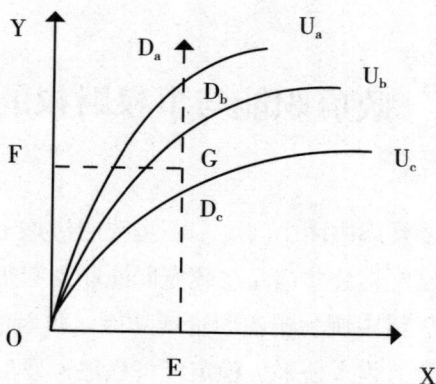

图2.3 中央和地方政府对地方性公共产品的供给分析[1]

图2.3中，横轴X表示居民人数，纵轴Y表示居民对公共产品的偏好量。设有A、B、C三个地区，它们对地区公共产品P的需求曲线分别为U_a、U_b和U_c，当三个地区居民人数都为E时，其对公共产品P的需求量分别为U_a、U_b、U_c。如果由中央政府出面为这三个地区统一提供地方公共产品P的话，那么中央政府从总体上考虑，很可能会取三个地区对P的需求量的平均数，把提供这种公共产品的水准定为G。从图中可见，G和D_b很近，说明对B区居民的满足程度较高。但G远未达到D_a，这意味着它在很大程度上不能满足A区居民的需求。同时G又远远超过了D_c，表明提供给C区的公共产品P大大超过了需求量，从而造成了资源浪费。如果适应地方性公共产品质的规定性的内在要求，由对本地区居民负责的各地方政府分别提供P的话，则它们就可以根据需要和可能，尽量向A、

[1] 任宗哲：《中国地方政府职能、组织、行为研究》，西北大学2002年博士学位论文。

B、C 三区提供出 D_a、D_b、D_c 水准的公共产品，从而让中央政府更接近于满足各自地区对地方性公共产品 P 的偏好和需求。由此可见，地方性公共产品的有效供给者是地方政府。

　　以上分析表明，对于地区性公共产品和区域性公共产品，实行适度的分权，让地方政府进行支出将有利于提高产品的供给效率，这也正是区分公共产品的层次性的意义所在，也是合理划分各级政府间职责的理论基础。

第二节　政府职能与事权财权的划分

　　研究政府的职能主要是解决两个问题：一是政府应该干什么？二是政府如何做好，应该做到什么程度？将公共产品与政府职能联系起来，可以认为政府职能就是政府在国家和社会生活中所承担的职责或功能，政府的基本职能主要包括：实现资源的优化配置、调节收入公平、稳定经济秩序。政府职能决定了政府事权的内容。下面将沿着"政府应该做什么"、"如何做"的思路对政府的职能进行阐述。

一、政府与市场的职能划分

　　政府与市场作为资源配置的两种手段，它们之间的关系一直是发展经济学高度关注的话题。纵观西方经济学的发展史，总体上可以把这种关注认为是两大派别——经济自由主义与国家干预主义的争论。

　　1. 经济自由主义

　　凯恩斯之前的近两百年的历史里，经济自由主义成为占统治地位的经济思想。古典学派和新古典学派的经济学家们都基本上承袭了古典自由主义的传统，认为要实现经济的增长，必须实行自由放任的经济制度，让市场机制自发作用以实现资源的有效配置。诺奇克的"最小国家"理论（Nozick，1974）、亚当·斯密的"守夜人国家"观点和布坎南的"保卫性国家"理论（Buchanan，1993）都主张将政府对市场的干预控制在最低限度，国家的职能就是对外防御敌人入侵，对内保障个人权益和自由，在经济方面主要举办公共福利事业和兴建公共设施。

2．国家干预主义

19世纪末20世纪初，垄断资本和国家政权的结合使自由资本主义进入国家垄断资本主义。罗斯福"新政"是美国以行政力量对经济进行全面干预的一种国家垄断资本主义实验性措施，"新政"的实施是西方经济思潮从自由放任论向政府干预论转变的一个重要里程碑。凯恩斯在20世纪二三十年代系统地提出了国家干预经济的理论和政策，批判传统的自由主义理论。他认为，在现代资本主义条件下，市场机制已不可能充分发挥自动调节的作用，它既不可能使生产资源达到充分利用，也不可能使劳动力实现充分就业，所以应放弃市场经济的自动调节理论。主张要用政府这只"看得见的手"不断调整这架难以驾驭的经济机器。然而，现实情况与凯恩斯主义之间的矛盾日益尖锐，西方国家普遍出现增长停滞，失业率升高，通货膨胀日益严重，财政赤字急剧上升，国际收支状况恶化的情况，主张国家干预的凯恩斯主义受到了严峻的挑战。

3．自由与干预主义的新发展

在凯恩斯主义受到质疑之后，新经济自由主义的影响力再一次迅速上升。新经济自由主义充分肯定市场机制的自动调节作用，坚决反对政府对经济的过度干预，认为正是这种干预造成了经济的不稳定。与国家干预主义相比较，新经济自由主义还有一个显著的特点，这就是从微观层次上提出了解决经济"滞胀"的良方。虽然在推行新自由主义的过程中，英国和美国以实际行动证明了它的有效性，但由于没有充分解决好失业问题，加之20世纪80年代末90年代初资本主义世界又出现了经济衰退，以充分就业为主要目标的凯恩斯主义再次成为政府经济政策关注的对象。

经历了传统的凯恩斯主义失效后，在新经济自由主义的冲击下，凯恩斯主义经济学家在批判、借鉴传统理论的基础上形成了新的理论综合，这就是20世纪80年代中期发展起来的新凯恩斯主义，在一定意义上曾被认为是凯恩斯主义的复兴的政策。克林顿时期的经济政策的成功以及亚洲金融危机所造成的影响使得国家干预主义又开始重新得到重视。

经历了漫长岁月的争论之后，目前比较公认的观点认为，政府的主要作用是对经济和社会承担一定责任并适当加以干预，以防止市场失灵和促进社会公平。具体主要定位在以下几个方面：（1）配置职能，指政府通过制定各种制度和执行相应政策，在各经济主体之间直接配置资源。（2）分配职能，指政府进行收入再分配。中央政府从公平的角度出发，对个人和地区间的收入进行再分配，防止贫富差距扩大、区域间财政能力的不平衡。（3）稳定职能，指政府调节经济运行，避免大的经济波动，促进经济健康发展。

当然，公共选择学派和新制度学派并非完全看好政府在执行其职能时的表现，其原因是政府也并非善意的代表，布伦南和布坎南的"利维坦"政府模型[1]和尼斯卡宁的"预算最大化官僚模型"[2]就旨在揭穿政府的"仁慈"，说明政府失灵的破坏力比市场失灵还要大[3]。但无论怎样，政府和市场在经济发展中的作用都无法替代。

二、各级政府财权和事权的划分

在确定了"政府应该做什么"之后，政府"应该如何做"，做到什么程度才能实现其基本职能呢？由于政府各项基本职能的侧重点不同，调节的领域也不尽相同，为了保证政府各项职能的顺利实施，合理划分政府不同部门间的职能则十分必要。由于政府职能决定着事权的内容和形式，所以在分析中对职能和事权的定义不作严格的区分，甚至可以通用。

1. 政府职能（事权）的划分

从上一节公共产品的层次性和有效供给中看到，划分政府职责的目的是出于对公共产品的有效供给，即消除收益的外溢性、强调规模收益和满足居民偏好三个方面的考虑。

[1] 英国资产阶级革命时期的政治思想家托马斯·霍布斯（Thomas Hobbes，1588~1679）在其代表作《利维坦》中阐述了一个核心理念：政府权力的正当性来自于它对臣民人身安全的保障。在他看来，人的自我保护意识是最优先的理性选择。在自然状态下，这种选择导致"一切人对一切人的战争"，这对具有理性能力的人而言是无法忍受的，为了不使人类在内斗中自我毁灭，他们选择了订立信约的方式，"把大家所有的权力和力量付托给某一个人或一个能通过多数的意见把大家的意见转化为一个意志的多人组成的集体。"这个人或者这个集体就是霍布斯所谓的"利维坦"——主权者，或者是活的上帝、政府。但政府这个利维坦（Leviathan）具有双面的性格。它由人组成，也由人来运作，因此也就具有人性的那种半神半兽的品质，它在保护人的同时，又在吃人，也就说政府官员在不断地利用人们授予其权力去满足其自身的私欲。所以，就有了人类社会的最高理想就是把利维坦关进"笼子"里，利用制度和法律对之进行约束。
[2] 尼斯卡宁的官僚经济模型（Niskanen,1978）的含义是：在这一模型中，官僚所追求的效用函数，如津贴、权势、声誉、产出与管理的复杂程度等与预算规模正相关，而官僚机构的预算来自中央政府。所以，地方政府的首要目标就是通过与中央政府讨价还价不断扩大预算规模、膨胀行政机构。由于官僚机构在双边垄断关系中具有明显的信息优势，因此常常能获得他们所希望的最大化预算。
[3] Niskanen, W.A.Jr, Bureaucracy and Representatitive Government, Chicago: Aldine–Aterton,1971.

首先是针对公共产品的外溢性问题而言，理论中政府职能的划分多以奥尔森的对等原则为指导，即：当公共产品的受益范围恰好等于提供它的政府的边界时，由该级政府提供最为有效[1]。否则，由于外部性的难以解决，公共产品的供给将永远低于最优数量[2]。

第二，政府职能划分中的另一个难题就是规模收益与偏好的矛盾。有人认为较低级别的政府因更加贴切地反映居民偏好，在提供一些地方公共产品时则更加有效，但无法获得高一级的政府提供时的显著规模效率收益，因而主张高一级政府提供[3]。也有人坚持认为应由低一级政府提供，但同时应该采用多个政府应该联合采购、政府与私人企业合作等方式解决规模收益问题[4]。

第三是对于偏好的问题，一般认为偏好差异较大的公共产品应由低级地方政府进行提供，差异性较小的公共产品应由高一级政府提供。

以上的观点都是从理论的角度分析政府职能划分的可行性，从各国的实践来看，政府职能的划分主要遵循着"市场优先"、"地方优先"两个原则。全国性公共产品，如外交、国防、外贸等事权的支出一般由中央或联邦政府承担；有关再分配、社会公共福利等服务应由中央（联邦）或省一级政府承担；教育、卫生等外溢性较大产品的支出应由各级财政分担，实行以地方为主，配以中央和省级政府的转移支付。表2.1较为详细地列举了西方发达国家实践中政府职能（事权）划分的一般情况。

表 2.1　联邦与地方政府事权或责任归属划分的一般框架

支出类别	服务责任	服务提供	受益范围或支付方式	支出类别	服务责任	服务提供	受益范围或支付方式
国防	F	F	国家福利	环境	F	F，L	国家福利

[1] Olson, Mancur J r.,The Principle of "Fiscal Equivalence"：The Division of Responsibilities among Different Levels of Government, The American Economic Review, 1969(l.59):479~487.

[2] Ostrom, Vincent, Charles M.Tiebout, Robert Warren,The Organization of Government in Metropolitan Areas: A Theoretical Inquiry, The American Political Science Review, 1961(55）:831~842.

[3] Ostrom, Vincent, Charles M.Tiebout, Robert Warren" ,The Organization of Government in Metropolitan Areas: A Theoretical Inquiry. The American Political Science Review, 1961(55):831~834.

[4] Young, Dennis R.Consolidation or Diversity: Choices in the Structure of Urban Governance,The American Economic Review, Papers and Peoceedings of the Eight−eighth Annual Meeting of the American Economic Association, 1976(66):378~385.

（续表）

支出类别	服务责任	服务提供	受益范围或支付方式	支出类别	服务责任	服务提供	受益范围或支付方式
外交	F	F	国家福利	工业／农业	F，S，L	S，L	州际溢出效应
国际贸易	F	F	国家福利	教育	F，S，L	S，L	实物转移支付
货币银行	F	F	国家福利	医疗卫生	F，S，L	S，L	实物转移支付
国家商业	F	F	国家福利	社会福利	F，S，L	S，L	实物转移支付
移民	F	F	国家福利	警察	S，L	S，L	地方主要福利
失业保险	F	F	国家福利	公路	F，S，L	S，L	地方主要福利
航空铁路	F	F	国家福利	自然资源	F，S，L	S，L	

注：F 为联邦政府、S 为省或州政府、L 为省以下的地方政府

资料来源：Anwar Shah, Perspectivees on the Design of Inter-governmental Fiscal Relations, pp.6~7. 转引自吕炜：《政府间财政关系中支出问题》,《中国财经报》2005 年 3 月 8 日。

　　另外,不同经济发展阶段的国家在政府职能划分的内容上也会有不同的表现。发展中国家和转型国家的公共财政体制与成熟市场经济国家相比还处于尚未完善阶段,政府的职能定位与转型也没有最终成型,因而其事权配置的情况要比上述理论原则相距甚远。1997 年《世界发展报告》提出了针对不同经济发展水平国家政府职能渐次扩展的建议,认为低财力的国家的职能（事权）应当首先集中在基本职能上,提供纯粹的公共产品,如产权界定、保护穷人、宏观经济的稳定、安全用水等。而对于财力高一些的国家,除了提供基本服务外,还可以适当拓展职能,比如污染的控制、规制垄断行业以及提供社会保险等[1]。

　　总之,政府职能的划分没有统一的模式可以遵循,只有综合参考其他国家的经验,并根据本国实际情况才能确定各级政府职能的范围。

　　2. 各级政府间财权的划分

　　政府职能（事权）的划分从某种程度上说是一种支出责任的划分,而支出责任的顺利落实需要建立在相应的财权税收基础上,因为只有财权和事权的统一,政府职能才能够顺利完成。下面将分析政府职能的另一面：财政关系的划分,即税收权的划分。

---

[1] 转引自詹正华：《我国公共财政框架下政府职能的界定与事权划分》,《江南大学学报》2002 年第 4 期。

　　关于税收权划分的研究以马斯格雷夫的理论最为经典，他从实现政府职能的角度提出了税种划分的原则。此外，还有塞利格曼、迪尤等学者也对税种的划分进行了论述。这些税收理论给各国的税收实践带来了深刻的影响，并且指引着各国政府在现实中形成了一套更为具体的划分模式，具体见表2.2。

表 2.2　政府税收划分的一般原则

塞利格曼的原则	迪尤的原则	马斯格雷夫的原则	现代各国中央与地方税权划分的一般原则
（1）效率原则。该原则以征税效率高低为划分标准，中央政府征税效率高的税种划归中央，而地方政府征税效率高的税种则划归地方。	（1）效率原则。该原则的内容与塞利格曼的效率原则是相同的。	（1）可能影响宏观经济稳定的税种应由中央负责。	（1）与稳定国民经济有关的税种应划归中央政府。
（2）适应原则。该原则以税基宽窄为划分标准，税基宽的税种归中央政府，税基窄的税种归地方政府。	（2）经济利益原则。该原则是以增进经济利益为标准，即税种应划归中央政府还是划归地方政府，应以便利经济发展，不减少经济收益为标准。	（2）累进性很强的再分配税种应归中央征收。	（2）与收入重新分配有关的税种应划归中央政府。
（3）恰当原则。该原则以租税负担分配公平为划分标准来确定税种归属于中央政府还是地方政府。		（3）其他累进个人税种应由中央征收。	（3）税基流动性大的税种应划归中央政府。
		（4）税基在各地分布严重不均的税种应由中央征收。	（4）税基流动性较小的税种应划归地方政府。
		（5）税基有高度活动性的税种应由中央征收。	（5）与自然资源有关的税种应划归中央政府。
		（6）各级政府都应向公共服务的受益人收取使用费，并以此作为财政收入的一个补充来源。	（6）进出口关税和其他收费应全部划归中央政府。

　　资料来源：根据相关理论进行的总结。

　　上述各级政府间税收划分原则的共同之处就是强调效率与事权匹配原则。效率原则就是看哪一级政府掌握了更多的有关税基的信息，就由哪一级政府负责税收。事权匹配原则就是与某级政府职责相关的税种，就应由该级政府负责。具体而言：（1）对于具有高度流动性要素的课税，其课税权应集中于中央，非流动性要素的课税应保留在地方。（2）以调节收入再分配为目的的税种，如累进的所得税，宜由中央政府课征。（3）用以贯彻经济稳定政策的税种和具有收入周期性不稳定特点的税种宜划归中央。（4）以居住地为基础征收的税收（如居住税、零售税）更适宜划归地方政府。（5）与利益或使用费相关的税种既适合于中央也适于地方政府管理。此两种税费均可按受益原则征收，受益关系明确，不易引起资源配置扭曲。

　　依据以上原则和各国税收划分的实际的实际，表2.3给出了不同税种在中央和地方政府间划分的具体情况。

表 2.3　中央政府与地方政府间的税种划分

税种	税基	税率	征收与管理	说明
关税	中央	中央	中央	国际贸易为中央职能
企业所得税	中央	中央	中央	可流动、顺周期
资源税	中央	中央	中央	再分配职能
使用、开采税	省、地	省、地	省、地	地方公共服务
资源保护税	省、地	省、地	省、地	地方公共服务
个人所得税	中央	中央、省、地	中央	再分配、流动
财富税	中央	中央、省	中央	再分配
工资税	中央、省	中央、省	中央、省	受益者付费
增值税	中央	中央	中央	顺周期
单环节销售税	中央	省	中央	管理成本考虑
烟酒销售税	中央、省	中央、省	中央、省	中央省地共职责
博彩业税	省、地	省、地	省、地	地方职能
抑制性税				
二氧化碳排放税	中央	中央	中央	全球性与全球性问题

（续表）

税种	税基	税率	征收与管理	说明
能耗税	中央、省、地	中央、省、地	中央、省、地	对全国和地方均有影响
燃油税	中央、省、地	中央、省、地	中央、省、地	各级政府管理的道路
排污税	中央、省、地	中央、省、地	中央、省、地	跨地区和地区影响均有
拥挤税	中央、省、地	中央、省、地	中央、省、地	视收费道路所属
停车税	地	地	地	地方公共产品
消费税	省、地	省、地	省、地	以居住为基础
房地产税	省	省	省	不可流动，受益者付费
行政收费	中央、省、地	中央、省、地	中央、省、地	特殊公共服务付费

资料来源：Robin Boadway 等：《The reform of fiscal systems in developing and emerging marked economies》，世界银行，1994 年，转引自宋立、刘树杰主编：《各级政府公共服务事权财权配置》，中国计划出版社 2005 年版。

以上各级政府间财权的划分只是理论上的一般探讨，而各国由于政治经济等因素的不同，其各级政府间的课税权分割程度也存在着较大差异。在联邦制国家中，各级政府均享有一定税收的立法权、征管权和税收归属权。而在单一制国家中，大部分税种的立法权属于中央政府，地方政府只享有个别税种（主要是地方税）的立法权和调整权。税收的征管权一般以税收的归属权而定，目前各国的通行做法是将税收立法权集中到中央或联邦政府，税收的征管权和归属权分散在各层级政府。

三、我国各级政府间的税收安排

1. 税种的划分

我国各级政府间的税收安排是依据中央和地方的事权支出进行责任划分的，将维护国家权益、实施宏观调控所必需的税种划为中央税；将同地方经济发展直接相关的主要税种划为中央与地方共享税；将适合地方征管的税种划为地方税，并充实地方税种。其具体划分如下：

中央税包括关税、海关代征消费税和增值税、消费税、中央企业所得税、地方银行和外资银行及非银行金融企业所得税、铁道部门和各银行总行以及各保险总公司等集中缴纳的收入（包括营业税、所得税、利润和城市维护建设税）、中央企业上缴利润等。外贸企业出口退税自 2003 年开始的增量部分由中央和地方财政共同负担。

地方税包括营业税（不含铁道、各银行总行、各保险总公司集中缴纳的营业税）、地方企业所得税（不含上述地方银行和外资银行金融企业所得税）、地方企业上缴利润、个人所得税、城镇土地位用税、固定资产投资方向调节税、城市建设税（不含铁道、各银行总行、各保险总公司集中缴纳的部分）、房产税、车船使用税、印花税、屠宰税、农牧业税、契税、遗产和赠与税、土地增值税、国有土地有偿使用收入等。

中央与地方共享税包括增值税、资源税、证券交易税。增值税中央分享 75%，地方分享 25%。资源税按不同的资源品种划分，大部分资源税作为地方收入，而石油资源税则作为中央收入。证券交易税，由中央和地方各分享 50%。

2. 中央税收的返还制度

在划分税种的同时，我国建立了中央对地方的税收返还制度，以 1993 年为基期年，按分税后地方净上划中央的收入数额（即增值税 75% 部分 + 消费税 − 中央下划收入），确定中央对地方的税收返还基数。从 1994 年开始，每年递增退还。税收返还的基本公式为：

本年税收返还＝上年两税返还 ×（1+ 环比增长率 × 0.3）

按照国务院规定，税收返还的递增率为按各地区分别缴入中央金库"两税"平均增长率的 1：0.3 的系数确定，即各地区"两税"每增长 1%，中央财政对该地区的税收返还增长 0.3%。如果净上划收入达不到上年税收返还基数，则相应扣减税收返还数额[1]。

虽然我国的中央税、地方税划分已大致明确，但税收的立法权、解释权、开征停征权、税目税率调整权、制定税收优惠减免政策的权力等都高度集中于中央，只有屠宰税、筵席税等某些税权下划给地方。另外，地方负责征收的税源比较分散、征管难度较大、税收收入数量较少，这种高度集权的税权管理模式严重束缚了地方政府的手脚。因此，1994 年及以后的财税分权体制改革还需要不断的完善。

---

[1]　主要参见马海涛：《财政转移支付制度》，中国财政经济出版社 2004 年版，第 45~46 页。

第三节　政府义务教育的投入责任及我国义务教育分担机制

一、政府义务教育投入责任的划分

教育经济学和人力资本理论认为义务教育具有明显的外溢性特征，这种特征主要表现在义务教育服务提高了公民的道德水平和文化素养，增进了社会整体利益。因此，目前大多国家将义务教育界定为区域性公共产品，根据受益与职能匹配的原则，并考虑到政府职能的相互交叉和重叠，政府对义务教育的支出实行公共教育经费或成本的共同分担机制，这样就避免了纯粹集权和分权的弊端。具体而言，由于人口的流动而使得人口流入地享有了人口流出地政府的教育支出回报，这对于人口流出地政府来说，如果得不到回报，流出地政府投资于教育的积极性则受到影响[1]。于是，目前国际上对义务教育支出的经验就是按照政府责任进行划分，多数国家将义务教育交由基层地方政府主管，而教育成本则由各级政府共同负担，并且中央或较高层次的地方政府负有较大的支出责任。

然而，这种职责划分方式并非最初就是这样，它是在经历了漫长的分权与集权的实践之后形成的。从世界上一些发达国家实施义务教育的进程来看，英、美、法、德、日等国在推行义务教育之初，都曾将支出责任放在基层地方政府，但面对地方财政困难的境地和为了促进教育机会公平的需要，这些国家普遍都将投入主体的重心上移，逐步增加中央和高层地方政府的教育投入份额（蒋移详，2002；刘泽云、胡延品，2003），并最终形成今天的资本分担形式。表2.3给出了部分国家教育支出在各级政府间的分配，从中可以看到，在法国、德国、日本和OECD国家，教育支出的主要责任在于中央和高层地方政府。而其他国家的中

[1]　Hoxby,Caroline Minter.Are Efficiency and Equity in School Finance Substitutes or Complements.Journal of Economic Perspectives ,1996（10）:51~72.

央政府则承担了大小不同、相当份额的教育支出责任。

表 2.3　按政府级别划分的初、中等公共教育资金的最初来源和最终购买 [1]

（单位 :%）

国　家	年　份	转移之前最初资金			转移之后最终资金		
		中央政府	地方政府	当地政府	中央政府	地方政府	当地政府
法国	1991	**	**	**	**	**	**
	1992	74.8	11.7	13.5	72.9	13.3	13.7
	1994	72	12	16	71	13	16
	1995	72	11	16	71	13	16
德国	1991	**	**	**	**	**	**
	1992	0.6	80.2	19.1	0	78.1	21.9
	1994	3	77	19	3	73	24
	1995	3	74	24	2	68	30
美国	1991	7.1	48.2	44.7	**	**	**
	1992	7.6	47.9	44.5	0.8	0.4	98.8
	1994	8	48	44	1	1	98
	1995	8	49	43	1	1	98
日本	1991	24.7	75.3	0	**	**	**
	1992	24.5	75.5	*	0.3	99.7	*
	1994	23	*	*	1	*	*
	1995	24	76	*	*	80	19
英国	1991	**	**	**	**	**	**
	1992	6.5	a	93.5	3.6	a	96.4
	1994	20	a	80	15	a	85
	1995	20	a	80	16	a	84
OECD 国家平均	1991	52.4	32.4	14.7	**	**	**
	1992	43.4	33.5	22.9	31.3	32.4	36.2
	1994	50	25	23	39	28	32
	1995	54	26	22	44	27	34

注 : a 表示由于未采用这一项目而无可用数据，** 表示数据缺失，* 表示数

[1]　转引自刘泽云 :《西方发达国家的义务教育财政转移支付制度》,《比较教育研究》2003 年第 1 期。

据包括在表中另一项目或栏目中；1991 年只有按政府级别划分的初、中等公共教育资金的最初来源（政府间转移支付前）数据。

资料来源：Center for Educational Research and Innovation（CERI）（1993，1995，1997，1998）。

二、我国义务教育的分担机制

我国义务教育投入责任的划分在经历了漫长的集权与分权的实践之后，终于在 2005 年有了突破性进展，随着国务院先后颁布的《关于基础教育改革与发展的决定》、《关于进一步加强农村教育工作的决定》等一系列教育改革文件，农村义务教育将全面纳入公共财政保障范围。随后，2006 年新《义务教育法》的出台标志着政府义务教育分担机制的日趋成熟。该法明确规定，国家实行义务教育全面免费制度，按照"分年度、分地区，先农村后城市"的原则，逐步落实各级政府对义务教育经费的保障责任。具体内容是：

1. 全部免除农村义务教育阶段学生学杂费，对贫困家庭学生免费提供教科书并补助寄宿生生活费。免学杂费资金由中央和地方按比例分担，西部地区为 8：2，中部地区为 6：4；东部地区除直辖市外，按照财力状况分省确定。免费提供教科书资金，中西部地区由中央全额承担，东部地区由地方自行承担。补助寄宿生生活费资金由地方承担，补助对象、标准及方式由地方人民政府确定。

2. 提高农村义务教育阶段中小学公用经费保障水平。在免除学杂费的同时，先落实各省（区、市）制定的本省（区、市）农村中小学预算内生均公用经费拨款标准，所需资金由中央和地方按照免学杂费资金的分担比例共同承担。在此基础上，为促进农村义务教育均衡发展，由中央适时制定全国农村义务教育阶段中小学公用经费基准定额，所需资金仍由中央和地方按上述比例共同承担。中央适时对基准定额进行调整。

3. 建立农村义务教育阶段中小学校舍维修改造长效机制。对中西部地区，中央根据农村义务教育阶段中小学在校生人数和校舍生均面积、使用年限、单位造价等因素，分省（区、市）测定每年校舍维修改造所需资金，由中央和地方按照 5：5 比例共同承担。对东部地区，农村义务教育阶段中小学校舍维修改造所需资金主要由地方自行承担，中央根据其财力状况以及校舍维修改造成效等情况，给予适当奖励。

4. 巩固和完善农村中小学教师工资保障机制。中央继续按照现行体制，对中西部及东部部分地区农村中小学教师工资经费给予支持。省级人民政府要加大对本行政区域内财力薄弱地区的转移支付力度，确保农村中小学教师工资按照国家标准按时足额发放。

我国新义务教育法的出台弥补了过去各级政府间义务教育投入责任划分不清的历史问题，明确提出了对农村义务教育实行不收学费和杂费的规定，并通过法律的形式确定了各级政府间经费分担的保障机制。这对于促进义务教育的均衡发展具有重要意义。但是，由于义务教育制度存在着"路径依赖"现象[1]，在短期时间内各级政府间的职责分配难以完全按照新教育法的规定全面落实，尤其是涉及各级政府的具体分担责任时。因而，政府职责的合理划分还需要在实践中逐步得以确定。

---

[1]　路径依赖 (path dependence) 最早由布雷（W. Brain Arthur）在对技术演变进行研究时发现的一种现象。他指出，由于沉没成本、规模经济、学习效应、协调效应和适应性预期等原因，首先发展起来的技术往往会取得优势地位，实现自我增强的良性循环，而后发展起来的技术可能陷入恶性循环，甚至被"锁定"（lock in）在某种低效率的状态（W. Brain Arthur ,Self-reinforcing Mechanisms in Economics. In Phili W. Andorson, Kenneth J. Arran and. David pines (eds), The Economy as an Evolving Complex System. Addison-Wesley Publish Company,1988）。此外，新制度经济学的奠基人诺思用"路径依赖"概念来描述过去的事件对现在和未来的强大影响力。他认为在制度变迁中同样存在着报酬递增和自我强化的机制，这种机制使制度变迁一旦走上了某一条路径，它的既定方向会在以后的发展中得到自我强化（参见卢现祥：《西方新制度经济学》，中国发展出版社 2003 年版，第 89 页）。

第三章　我国财政分权制度的历史变迁及国外教育财政的经验总结

　　一般而言，任何一项制度的形成与演变都离不开特定的历史背景，对于教育财政而言也不例外。我国教育财政的发展变化与国家整体的财政制度背景相一致。新中国成立以来，教育财政体制经历了一系列曲折变化，而每一次变化都是为了适应当时经济、社会发展的需要，并为下一次改革积累了宝贵的经验。

第一节　我国财政分权及教育财政分权的制度变迁

一、"高度集中、统收统支"的阶段（1950~1952 年）

1. 国家财政的特点

　　新中国成立之初，内忧外患，新中国面临着严峻的政治经济形势，国家财力极为困难。为了迅速制止通货膨胀，稳定物价，恢复经济生产，中央对财政经济工作实行高度统一集中式的管理，确定了"三统一"的高度集中政策：统一全国财政收支，统一全国的物资调度，统一全国现金管理。之后的 1950 年 3 月，政务院又颁布了新中国成立后第一个关于国家财政体制的文件，即《关于统一管理1950 年度财政收支的决定》，规定国家预算管理权和制度规定权集中在中央，一切财政收支项目、程序、税收制度供给标准、行政人员编制等均由中央统一规定；

财力集中在中央。公粮、各种税收、国营企业收入、公债收入等均属于中央财政收入，一律解缴中央金库。地方税收和其他零星的收入归地方财政收入，用于地方支出。各级政府的财政支出均由中央统一审核，逐级拨付；各级财政收支，除地方附加外，全部纳入国家预算。地方组织的预算收入同预算支出不发生直接联系，年终结余也要全部上缴中央。1950 年的财政体制，基本上是高度集中的中央财政统收统支的体制，又称为"收支两条线"的管理体制。

1951~1952 年间，随着国家财政经济状况的开始好转，为了调动地方的积极性，国家开始实行在中央统一领导下的初步分级管理，国家预算划分为中央、大行政区和省（市）三级管理。但是，在这种体制下，财权和财力仍然集中在中央，划归省级财政的收入只充抵原来的中央拨款，地方机动财力有限。因此，1951~1952 年的财政体制基本上还是统收统支的办法，但在一定程度上开始向分级管理的体制过渡[1]。

2. 教育财政的特点

为了适应"建设一个文化建设的高潮"的需要，新中国成立之初的教育财政也是采取统一列支，高度集中的管理模式，即按照中央、大行政区域和省市三级财政体制，对教育经费采取统包的办法，由财政支出中同一列支。1952 年，教育部颁布了《中学暂行规程（草案）》、《小学暂行规程（草案）》，专门对中学和小学的支出标准、使用和经费责任的落实进行了规定。此后 1953 年的《关于1953 年度"教育支出"预算的联合通知》进一步完善了 1952 年教育部的《草案》，正式形成了中央、大行政区、省、县四级经费管理体制（大行政区很快就被取消了，实际上形成三级管理体制）。

从以上教育经费的管理体制沿革中可以看出，自 1950~1953 年我国的教育经费管理体制基本上实行三级管理（中央、大行政区、省市三级，县级只有执行权而无预算权）、统收统支的模式。随着 1953 年大行政区的取消，中央政府建立起了完全的国家、省、县新的三级财政，经费开支按行政隶属"纵向"划分，各级政府间的财权和事权进一步得到明确。总之，这种高度集中的统一列支管理体制对于接管旧体制的教育，构建新教育秩序起到了关键性的作用。

[1] 主要参见崔运政：《我国财政体制变迁的经济学分析》,http://www.clfr.org.cn/Get/dftz/234239489.htm.2007.2.1.

二、"条块结合、块块为主"的阶段（1954~1957 年）

1. 国家财政体制的特点

这一时期，随着大行政区机构的改变和撤销，县级政权的建立和健全，国家财政体制也作了相应的改变，即国家开始实行"条块"结合，以"块块"为主的行政管理体制，财政预算按照"统一领导、分级管理"的体制安排。另外，中央人民政府政务院在《关于编造 1954 年预算草案的指示》中明确规定：国家预算分为中央和地方预算，实行分级管理；各业务部门，除中央直辖各国营企业外，不准条条下达、上达，各级人民政府负责本级的预算编制以及执行。地方预算每年由中央核定，地方的预算支出，首先用地方固定收入和固定比例分成抵补，不足部分，由中央调剂收入弥补，分成比例一年一定。

2. 教育财政的特点

该时期的教育财政与国家整体的财政制度相吻合，即实行"条块结合"，强调"块块为主"的政策。教育部、财政部于 1954 年 9 月发出了《关于解决经费问题程序的通知》，通知指出："为贯彻统一领导，分级管理的原则，今后各省（市）教育厅（局）如遇发生教育经费不足，须先报请省政府统一解决，如省政府有困难，则由省政府转报中央政府政务院考虑，不得条条上达。"[1] 这种体制规定了教育经费按照行政隶属关系"纵向"划分，实行教育经费预算的两级管理（中央和地方），即"谁的学校谁开支"。这种体制的施行，为调动地方主动发展本辖区教育的积极性提供了可能。

三、划分收支、总额分成阶段（1958~1979 年）

1. 国家的财政体制

鉴于高度集中的财政管理体制不利于地方的积极性，决策层试图在不触动计划经济的前提下进行分权化改革，从 1958 年起实行"以收定支，五年不变"的财政体制。由于财力下放过度，中央财政收支所占比重锐减，于是在 1959 年中央政府又开始实行"收支下放，计划包干，地区调剂，总额分成，一年一变"的

---

[1] 何东昌：《中华人民共和国重要教育文献（1949~1997）》，海南出版社 1998 年版，第 371 页；转引自杨会良：《当代中国教育财政发展论纲》，人民教育出版社 2006 年版。

财政体制，即各地的财政收支相抵后，收不抵支的部分由中央财政给予补助，收大于支的部分按一定比例上缴中央财政。从 1959 年到 1970 年，以及后来的 1976 年到 1979 年，"总额分成"的管理体制共存续了 16 年，为增加中央政府的财政实力奠定了基础。

2. 教育财政体制

本时期的教育财政可以具体分为以下几个阶段：

1958~1962 年，是以计划经济体制为背景的教育财政分权阶段。鉴于该阶段高度集中的教育财政体制不利于调动动地方发展教育的积极性，1958 年 8 月，中共中央、国务院下发了《关于教育事业权力下放的规定》，实行计划经济与分权相结合的原则，扩大地方管理教育的权限。但是随着教育权力的下放，一些地区和县开始出现了大量挤占、挪用教育经费的现象。于是，国务院于 1959 年 11 月又专门转批了教育部、财政部《关于进一步加强教育经费管理的意见》，要求应该实行"条条"、"块块"相结合，以"块块"为主的精神，抓好教育经费的管理。这一文件在一定程度上加强了省级、专署级政府对教育经费的管理权限，权力适当上收，制止了当时广泛存在的截流、挪用问题，及时恢复了教育正常秩序。

1963~1965 年，是实行统一领导、分级管理，加强"条条"的领导作用阶段。针对"大跃进"带来的种种不利影响，从 1963 年起，中央政府开始注重对基础教育的管理规模、速度和领导管理及财政体制等四个方面着手进行了历时 3 年的大调整，强调了"条条"的作用，将小学、初中的财政管理由公社、生产大队适当上收到县。

1966~1979 年，是教育领导和财政体制处于混乱的阶段。1966 年"文化大革命"开始，教育事业经费的管理遭到破坏性的打击，曾一度处于混乱状态。直到 1972 年，中央在安排下达财政预算时，把教育事业费用支出单列，戴帽下达，专款专用。此外，中央还出台了一些扩大教育费用来源的举措，这在一定程度上缓解了教育经费紧张的局面。但是，十年的动乱给教育所带来的教育经费紧张的问题并未得到根本解决，直到 1979 年，中央政府再也没有出台过新的财政政策。

四、划分收支、分级包干阶段（1980~1993 年）

1. 国家的财政体制

20 世纪 70 年代末，国家在拨乱反正，纠正"文化大革命"错误的同时，确立了"现代化建设"的工作重点，以"经济建设"为中心的体制改革势在必行。
为进一步调动地方的积极性，遵循"放权让利"的思路，从20世纪80年代初开
始，中国财政开始实行"中央和地方两大切块安排"财政包干的过渡体制。

国家改革主要以农村的"联产承包"、财政上的"分灶吃饭"和城市中的"企
业承包制"三项重大改革为核心，在增加农民和职工收入的同时，财政收入由中
央开始向地方倾斜。"分灶吃饭"的财政管理体制打破了过去"统收统支、收支脱节"
的状况，不仅扩大了地方的财政收入，而且还把责、权、利有机地结合起来，激
发了地方发展经济建设的动力和能力。但是由于计划经济条件下的支出责任并未
发生根本改变，"分灶吃饭"政策的实施致使国家财政陷入年年赤字的困境。

虽然"分灶吃饭"的初衷是为了"放权让利"，但从本质上来看仍未摆脱集
权型的财政分配模式，没有从根本上解决中央与地方政府之间财力分配的约束机
制与激励机制问题。

2. 教育财政体制

为了适应"划分收支、分级包干"的财政管理体制，克服计划经济体制中中
央政府管得过死、过多的弊端，进一步调动地方增收节支的积极性，教育财政也
进行了相应的变革。从1980年起，财政部对教育开始试行"预算包干"的办法。
同年4月，教育部也发出《关于实施新财政体制后教育经费安排问题的建议》，
该文件规定教育拨款实行由中央和地方切块安排，中央只负责中央各部委所属的
大中专院校经费，对地方普教实行专项补助，而中小学经费完全由各省、自治区、
直辖市政府供给。由于中央财力的下降，无法承担发展教育的全部财力，于是只
能将包袱甩给地方政府，而地方政府为了发展教育，则可能会沿袭计划经济体制
下的做法，又将基础教育财政转嫁给社会或个人。与此同时，农民和城镇居民收
入的增加、非公有经济的发展以及多元化主体利益的出现，又为这一"可能"找
到了现实的"嫁衣"。

在《建议》的指导下，从1980年到1985年间，因为区域经济、财政的差距，
各地的基础教育发展缓慢且不均衡，尤其是广大农村地区和老、少、边、穷地区
的基础教育十分落后。1984年、1985年，为改变农村教育经费不足、改善学校
办学条件、提高教师待遇，国务院又颁布政策，要求基础教育财政实行"分级管理、
以乡为主"的管理办法。规定通过征收农村教育附加费来筹措农村教育经费。而后，

1986 年《中华人民共和国义务教育法》的出台以及 1992 年《义务教育法实施细则》的颁布，使得我国多渠道筹资、地方负责、分级管理的义务教育财政体制框架得以完全形成，并以法律的形式得以确定下来。两部政策虽然为推进中国义务教育事业的发展奠定了基础，但却增加了农民的负担、影响了农村的教育发展。在基层财政能力有限的现实情况下，农民逐步成了农村基础教育支出的主角，家庭联产承包所挖掘出来的农民增收潜力在各种税负面前消失殆尽，义务教育又成了阻碍农民增收问题的又一羁绊。

五、分税制财政体制阶段（1994 年至今）

1. 国家财政政策

为了进一步理顺中央与地方政府的财政分配关系，增强中央的宏观调控能力，中共中央于 1993 年 11 月和 12 月分别颁布了《关于建设社会主义市场经济体制若干问题的决定》、《关于实行分税制财政管理体制的决定》，指出今后的财税改革重点是变革地方财政包干制，从 1994 年开始实行分税制财政管理体制。分税制的主要内容是"三分一返"，即在划分事权的基础上，划分中央与地方的财政支出范围，按税种划分收入，明确中央与地方的收入范围，分设中央和地方两套税务机构，建立中央对地方的税收返还制度，其原则是存量不动、增量调整，逐步提高中央的宏观调控能力，建立合理的财政分配机制。分税制财政体制改革改变了原来多种体制并存的现象，理顺了中央和地方政府的关系，有利于发挥税收的调节功能，从而保证了中央财力的持续增强并促进了全国统一市场的发育和完善。

然而，由于分税制改革改变了中央和地方的利益格局，使得区域间的财政差距进一步扩大。各级政府间为了自身利益而展开的竞争，客观上助长了地区间重复建设和地区封锁，妨碍了市场公平竞争和全国统一市场的形成，阻碍了区域经济的协调发展和实现共同富裕目标的实现。为此，在分税制实施 8 年后，即 2002 年，中央对分税制财政体制进行了较大的调整完善，改革现行按企业隶属关系划分所得税、营业税收入的办法，对企业所得税和个人所得税收入实行中央、地方按比例分享的方法，中央和地方政府各拿企业税收收入的一半。2003 年又将这一比例变为中央拿 60%，地方拿 40%。同时，还规定对于新企业的税收由国家税务总局进行征收，老企业仍由地方税务局征收管理。这种利益格局分配虽然有利于中央政府的宏观财政调控，但由于各级政府的事权划分基本上还是维持着包干财政体制下的格局，从而导致了基层政府的财政压力过大，尤其是农村地区的困难越发明显。为了减轻农民负担过大问题，2000 年 3 月国务院正式下发了《关于进行农村税费改革试点的通知》，在安徽进行农村税费改革试点工作。2003 年，随着各方面条件的成熟，这一改革开始在全国所有省区进行试点。通过这项改革，中央政府取消了农村教育附加费和教育筹资，基本实现了"减轻负担"和"规范税制"两个目标。然而，由于县乡级政府的财政收入来源的锐减而支出任务的不变，基层财政能力的微弱给农村公共产品的供给带来严重的冲击。

2. 教育财政

这一阶段的教育财政改革主要集中在 2000 年之后，随着财权的上移和农村税费改革的开始，乡镇基层财政无力承担农村基础教育支出任务，致使教师工资拖欠、危房等问题日益严重，农村义务教育在收费与免费之中艰难地运行着，前途扑朔迷离。2001 年 5 月国务院颁发了《关于基础教育改革与发展的决定》，重申各级政府的责任，强调了县级政府对农村义务教育管理和投入的责任。2003 年，中央决定将新增加教育经费用于农村的教育事业发展，包括中央划拨给地方的义务教育专项补助和一般性财政转移支付。这些规定虽然在某种程度上缓解了农村义务教育经费的短缺状态，把乡镇级政府的支出责任上移到县级政府，但由于县级政府的财政能力依然有限，这对于义务教育言依旧还是杯水车薪。

随着基层教育矛盾的突出，教育公平日益得到关注，2006 年 9 月，标志着义务教育"免费"时代来临的新《义务教育法》出台了。该法进一步完善了义务教育的管理体制，强化了省级的统筹实施，在"以县为主"管理体制的基础上，进一步加大了省级政府的统筹和责任，实现了从"人民教育人民办"到"义务教育政府办"的转变。

与 1986 年的义务教育法相比，新法有四个突破：（1）明确提出义务教育免收学杂费。1986 年颁布的义务教育法虽然规定对接受义务教育的学生免收学费，但依然保留着缴纳杂费的规定。（2）义务教育经费的筹措受法律保障。新法在明确了义务教育经费的来源的同时，以法律的形式规定了义务教育经费投入实行国务院和地方各级人民政府根据职责共同负担，省、自治区、直辖市人民政府负责统筹落实的体制。农村义务教育所需经费，由各级人民政府根据国务院的规定分项目、按比例分担。同时，对义务教育经费保障也提出明确目标。（3）促进义务教育均衡发展。新法明确规定："不得将学校分为重点学校和非重点学校"，"学校不得分设重点班和非重点班"。为此，县级以上各级政府应当合理配置教育资源，促进义务教育均衡发展，改善薄弱学校的办学条件。（4）义务教育的问责制。新法对责任主体作出了非常明晰的界定，对经费保障过程中没有履行或存在乱收费现象的违法行为，都要受到依法处分。

新法虽然改进了许多历史遗留问题，为合理划分各级政府间义务教育的投入职责提供了法律保障。但是，新法中依旧有很多现实问题需要解决，比如农民工子女教育问题、家庭贫困学生问题等。因此，我国新义务教育法还需要接受现实的检验才能日臻完善。

从新中国成立到现在长达 60 多年的时间里，我国经济体制经历了由计划经济到商品经济，再到市场经济的转变，教育财政也随之处于集权与分权、收与放的频繁变动之中。总的看来，这种财政体制的变迁是与当时特定的政治、经济、社会条件相适应的，并在不断更迭修改中得到完善。

第二节　国外义务教育财政体制

一、单一制国家——日本现行的教育财政

国外教育财政体制受到各国历史、社会、文化及国家政治体制的影响而表现多样。我们可以根据国家体制的不同，重点研究单一制和联邦制中的几个具有代表性国家的教育财政体制。

（一）日本的国家财政体制

日本是一个单一制的中央集中型国家，经过多年改革后，日本已经形成了比较成熟的政府间财政关系——财政联邦主义，各级政府都设立各级财政，各级财

政只对本级政府负责，其预算、决算由本级议会批准，独立征税，这种财政关系适应了日本的政权结构。日本的政府由中央、都道府县、市町村三级政府组成，实行地方自治，各级财政间行政和业务上相对独立，其各自的财权与事权的配置都由相关法律作出了明确的界定，政府的一切财政收支活动都必须按照相关法律规定实施。

由于地方自治基础上的财政集中制，也使得各级政府间的财力出现了不均衡现象。首先是中央与地方的财政实力存在着严重的"垂直型不平衡"。日本的税收实行了比较彻底的分税制，全国45种税被分为中央税和地方税。其中1993年，中央税占据了全部税收的65%，而地方只占35%。因此，中央财政与地方财政收入差距较大。第二，地方经济的发达程度和税基的不同，地方政府之间的财力也存在着较大的差异，即存在着地域间的"横向不平衡"。相当一部分地方政府仅靠地方税等地方自筹财政收入难以满足事权范围的支出需要。各级政府间财政能力的差距使得特定的公共服务以及社会福利等必须要求中央政府和地方政府共同承担，或者需要中央委托地方承办，否则地方无力承受。因此，日本政府在划分政府事权范围时，对于地方财政支出采取了转移支付的办法，以保证地方政府能够提供统一标准的公共服务[1]。

（二）日本义务教育的财政体制

从明治维新到1952年间80年左右的时间内，日本义务教育财税体制经历了一个几乎全部由町村负担逐步到由中央、都道府县、町村三级政府共同分担的演变过程。明治维新后，日本曾一度把初等教育的管理经营和经费负担责任全部交给町村级基层地区政府，教育财政的分散模式使得财力有限的町村政府不堪重负。随后，日本政府不断调整教育财政政策，通过立法确立中央财政对町村级地方政府进行财政援助，到1952年《义务教育经费国库负担法》的出现，义务教育财政政策基本完成，该法律至今一直生效。日本百余年的义务教育财政的实践，为义务教育全面实施奠定了重要基础。

日本现行教育财政体制的最大特点是以法律为依据，通过制定和实施各种教

---

[1]　主要参见高如峰：《农村义务教育财政体制比较：美国模式与日本模式》，《教育研究》2003年第5期。

育法规、法令、规则、基准和条例等，使其教育方针和教育政策得以贯彻。日本地方自治基础上的集中型财政体制和各地经济的非均衡发展，使得有相当一部分地方政府仅靠地方税筹集到的资金难以满足事权范围的支出需要。为了保证市町村级地方政府能够获得足够的财源来，中央政府采取了向城乡义务教育财政实施补助，加大向地方政府提供转移支付，确保在全国实施统一标准的教育服务，促进各地区城乡义务教育的均衡发展。

根据 1952 年重新制定、至今仍然生效的《义务教育经费国库负担法》等法律文件，当前日本中央政府对农村义务教育的财政援助主要有以下两种形式：（1）国库支出金，主要包括国库负担金和国库补助金，它属于规定使用用途的专项补助。其中，国库负担金主要用于负担农村义务教育教职工的部分工资与长期保险福利费；国库补助金主要用于改善义务教育学校设施以及对家庭困难学生的补助等。（2）地方交付税，它属于中央财政对地方财政的一般性补助，以地方财力大小等标准作为测定单位，虽然中央政府对地方交付税的使用用途不作规定而由地方政府自主决定，但用于教育服务的地方交付税在整个日本公共教育经费中的比例仍比较高，大体在 13% 水平上下波动。

除了中央政府通过转移支付负担农村义务教育部分经费外，都道府县同样给予补助，分担农村义务教育教师的部分工资。而町村级财政只负担校舍建设和困难学生补助等小部分经费。

表 3.1 是 1940 年至 1996 年间日本中央财政负担的教育经费使用情况，从表中看出，半个世纪以来，日本中央政府对教育的支出中以 50%~60% 左右的经费用于对市町村地方政府的义务教育补助。从而说明，对地方政府义务教育的补助已经成为日本中央政府教育支出的最大使命和国家教育财政的中心任务。

表 3.1　1940~1996 年日本中央财政负担的教育经费的使用情况表

（%）

年　份	对地方义务教育的补助所占比例	负担国立学校所占比例	其他所占比例	对地方非义务教育的补助所占比例
1940	53.80	19.99	7.64	18.57
1950	68.57	15.61	4.17	11.65

（续表）

年　份	对地方义务教育的补助所占比例	负担国立学校所占比例	其他所占比例	对地方非义务教育的补助所占比例
1960	65.58	19.14	5.09	10.19
1970	56.14	23.00	5.52	15.34
1980	55.39	19.77	9.15	15.69
1990	48.80	23.47	8.51	19.21
1996	44.91	27.13	9.12	18.84

　　资料来源：高如峰主编：《义务教育投资国际比较》，人民教育出版社 2003 年版，第 141 页。

　　总而言之，日本农村当前义务教育经费是由中央、都道府县和町村三级政府共同分担的。在这个共同分担的体制中，中央财政通过国库支出金和地方交付税等转移支付手段实现了对农村义务教育经费的财政补助[1]。

二、联邦制国家——美国的教育财政

（一）美国的国家财政体制

　　美国是个联邦制国家，拥有 50 个州及州以下市、县、乡镇等约计 8 万多个地方政府。美国的财政体制属于分税制分级财政体制，各级政府具有相对稳定和规范的财政关系。在税制方面，美国的联邦、州和地方政府各自拥有各自的税法，以及独立的税收体系和主体税种。在国家财政总收入中，联邦收入占 60% 左右，州和地方政府收入占 40% 左右。美国的财政实行联邦、州、地方三级预算制度，并依据政府事权的划分确定三级财政的支出范围。而对于地区间财力资源、经济社会发展水平存在的横向差异，以及各层级政府间财权和事权的纵向不均衡，美国建立了比较全面的财政转移支付制度，实行联邦政府对州和地方政府进行补助。

---

[1]　主要参见陈国良：《教育财政国际比较》，高等教育出版社 2000 年版，第 15~17、84~85 页。

（二）美国的农村义务教育财政体制 [1]

美国的农村和乡镇划分与我国不同，且美国各州乡镇结构差异很大。有的州一个居民中心加四周的乡村组成为一个乡镇，也有的农村和乡镇同义。为了便于管理、监督、检查学校教育工作，州政府还特别设定了教育专区，其中为学校教育而划分的区域被统称为学区。无论怎样划分，在城市和农村，美国对教育按学区进行独立的管理，实行城乡一体化的管理体制。

1. 美国农村义务教育财政体制的演变过程

根据美国联邦宪法的规定，各州保留教育权力，中小学教育行政权属于各州，而在实际的运行中，州又将中小学运行的管理权交给地方学区。因此，美国农村义务教育的主要管理责任在地方学区。在教育经费的投入中，美国实行各级政府共同负担制，并且通过法律形式加以固定。作为管理农村义务教育学校的特别行政区的学区拥有独立的征税权，其中财产税一度成为学区义务教育经费的主要来源。从 19 世纪末推行义务教育以来，地方学区通过征收财产税来提供本辖区的义务教育公共经费，并且该税费占政府教育经费的比例很大，1919~1920 学年曾达到最高的 83%，而当年联邦政府和州政府提供的比例仅为 0.3% 和 16.5%（见表 3.2）。因此，在 20 世纪上半叶，基层地方政府即学区一直是农村义务教育的第一投资主体。

第二次世界大战后，联邦政府和州政府加大了对地方学区财政拨款的力度，以学区投资为主的分散义务教育财政体制发生了很大变化。到 20 世纪中期，全国学区投资的平均水平下降到了 57.3%，联邦和州政府的投入比例分别升至 2.9% 和 39.8%。1979 年以后，这一趋势进一步发展，州政府对学区基础教育的财政支持开始超过学区征收的财产税，成为农村基础教育的最大财源。各级政府的教育负担及演变情况见表 3.2：

表 3.2　1919~1920 年度、1989~1990 年度美国公立中小学教育财政的来源构成

（%）

年　　度	联邦政府	州政府	学　区
1919~1920	0.3	16.5	83.2

---

[1] 主要参见高如峰：《农村义务教育财政体制比较：美国模式与日本模式》，《教育研究》2003 年第 5 期。

（续表）

年　　度	联邦政府	州政府	学　区
1929~1930	0.4	16.9	82.7
1939~1940	1.8	30.3	68.0
1949~1950	2.9	39.8	57.3
1959~1960	4.4	39.1	56.5
1969~1970	8.0	39.9	52.1
1979~1980	9.8	46.8	43.4
1989~1990	6.1	47.1	46.8

资料来源：David L.Angus，On the Sources of Inequaility of Financing Basic Education in the U.S.，1998.

2. 美国农村义务教育现行财政体制

美国当代农村义务教育财政体制是在经过了最近 20 年的演变之后形成的，实行由联邦、州和学区三级政府共同分担的机制，属于相对集中的教育投入模式。美国的教育财政体制的特点首先是联邦政府参与了农村义务教育的投资。联邦政府主要根据教育的需求以及各地区的财力状况，通过专项拨款实现其对州和地方学区教育发展的影响和教育政策引导。此外，随着上级政府对学区教育干预的增加，州政府对地方学区义务教育投资的责任也日益加强，并逐渐成为第一投资主体。他们主要通过对学区公共教育经费的分配实施管理，实现教育对所有儿童公平。学区的主要职责是负责教育经费的管理和使用，并且自身也有通过征收财产税而增加教育投入的权利。

在实际操作中，由于美国各州采取了不同的资助学区的方法，从而使得州政府对学区的拨款补助方式呈现出多样性特征，其中最为基本的形式有两种：一种是基本资助拨款，它属于一般性补助，即公式拨款，这种方式主要考虑学区在教育需求和教育财政能力方面的差异，主要用于维系学区与学校的基本运转，体现了公平性，以此促进州内各学区的义务教育能够得到比较均衡的发展。另一种是专项拨款，主要考虑地方学区特殊的教育需要，多用于特殊教育、职业教育等。

总之，美国对全国公立义务教育实行城市、农村一体化的财政管理体制。由联邦、州和学区三级共同负担，最后由学区负责经费的管理。三级政府负担的比重中，州政府是第一投资主体，其次是学区、联邦政府。另外，各级政府间的职责划分一般比较稳定，并通过规范的、长期的转移支付制度实现对学区的补助。

三、国外教育财政的经验总结

以上所分析得的美国和日本虽然是两个行政体制完全不同的国家（前者联邦制国家，后者是个单一制中央集权型国家），实行的是不同的国家财政和教育财政，但是，其义务教育财政体制却有着共同之处：

第一，美国和日本全国公立义务教育都是实行城乡一体化管理的财政政策，不论城市和农村，都是全部由政府承担，实行完全免费的、大体均等的义务教育。

第二，从美国和日本两国义务教育财政体制变迁轨迹看，两国都经历了一个由分权到集权的过程。即最先几乎全部由农村基层地方政府负担农村义务教育经费，到逐步由联邦、中央和高层地方政府与基层地方政府共同分担。

第三，两个国家实行的是公共财政模式，政府财政转移支付制度规范健全，定位明确。在公共服务的供给上，都确定了整个国家的最低标准，对于无法满足最低标准的地区财政收支上的差额，由联邦（中央）和高层地方政府对基层政府实行转移支付。另外，两国转移支付资金的投放方向性很强，定位很明确，主要集中在地方公共服务事业和基础设施方面，以便向全国各地区居民提供相近水平的公共产品和服务。

总之，文化、政体迥异的美国和日本有着相同的财政和义务教育财政体制，两国内各级政府在义务教育中的事权和财权责任划分明确、规范，对农村义务教育实行三级财政共同投资负担体制。在三级分担的比重中，联邦、中央和高层地方政府承担大部筹资责任，而基层政府负责经费的日常管理。

第三节　我国教育财政存在的问题与根源

从我国财政体制历史变迁的轨迹中可以看出，我国的财政体制、教育财政体制遵循了"集权—分权—再集权—再分权"不断变换发展的路线，虽然经历了多年的改革，但目前各级政府间的教育财政关系依旧没有完全理顺，并且与美国和日本相比仍存在着很大差距。

一、我国目前教育财政支出体制中存在的问题

（一）政府事权、财权不统一，缺乏规范的收、支责任约束

当前我国《预算法》缺乏对政府支出责任的规范约束，造成政府权责不相匹配。分税制改革虽然建立了中央与省际间明确、稳定的收入分配机制，但依旧缺乏对省级以下政府收入分配框架的规定，收入模式仍按传统做法实行省级以下政府收入分配上的完全自主性。在教育领域，我国的软预算约束造成了教育经费的预算管理长期处于事权和财权分离的状态，县级政府财政压力过大。

美、日两国的义务教育投入是以联邦（中央）政府和州级政府为投资重点的，两者合计超过教育投入总量的50%；基层政府主要负责经费的管理。而我国1994年至2005年期间，中央财政收入占全国财政总收入的比重平均为52%，地方各级政府平均为48%，而同时期中央所承担的事权支出责任平均在30%左右，地方则达到70%左右。地方各级政府在财权逐步减少的总体趋势下，事权并没有相应减少。根据国家发展和改革委员会经济研究所的研究，中央政府支出比重不足20%，而80%以上的财政投入是由地方财政负担，并且地方的负担中又以县级为主。这种政府财力与教育支出责任的非对称性，使得义务教育财政投入规模偏小[1]。另外，教育经费预算未能单独立项，教育经费预算数量弹性较大、缺乏透明度，进而在教育的宏观管理与调控中既存在着资源浪费，又有资源紧缺的现象。

（二）转移支付制度不完善，缺乏科学、规范的财政立法

尽管我国地方各省非常重视对下级财政，尤其是对县级财政转移支付制度建设，但从目前来看，对下级财政的转移支付制度很不完善。其存在的问题：一是转移支付总量有限，无法满足基层财政中的庞大资金缺口。二是转移支付资金中，以税收返还、专项补助为主，均等化转移支付在各级财政中规模都很小，无法实

---

[1] 王延杰等：《完善我国财政教育投入体制的思考》，《中国财经信息资料》2004年第17期。

现贫困地区与富裕地区财力及教育资源的均等化。三是中央对教育的专项补助多以临时性、一次性补助为主，难以建立教育发展的长效机制。四是缺乏规范的、有效的转移支付制度及法律制度约束。

二、教育财政问题的根源

上述我国教育财政支出中存在的诸多资金问题的直接原因是各级政府间财政关系引起的，但是，各级政府间关系又受到政治体制和经济体制等多种因素的影响，因而，从宏观体制的角度去分析教育财政的问题，才能溯本求源。

（一）财政分权与"职责同构"的集权体制造成了各级政府间关系的混乱

财政分权的本质是为了提高公共产品的供给效率而使不同级政府拥有不同配置资源的权利和责任，其实施的条件需要有良好的政治民主环境予以保障。而在我国，宪法、政府组织法和一些专门法虽对各级政府公共服务职责已有初步的规定，但在职责内容上缺乏明确的区分。我国目前实行的是"职责同构"机制[1]，各级政府的公共服务事项和权限只有大小之分，而无内容之别。这种纵向政府"职责同构"模式使得中央对地方政府拥有全面的、绝对的控制权，每一级政府也都参与管理同种类国家事务，并且有着相同的机构设置和行政职责。在政治集权的体制下，地方主要官员的任命必须遵从上级的绝对权威，服从行政性分权与行政性激励相结合的"政绩"指挥体系。因而，"凭政绩用干部"已经成为目前任用地方领导干部的重要原则。

在职责同构的格局下，各级政府间的职权范围和权力关系往往模糊化，各级政府间的互动就难免存在很强的主观性，上级可以没有限度地要求下级。自上而下的权力链条将不同层级的官员捆绑在一起，造就了自下而上的责任格局。为了仕途的发展，下级政府官员必然努力完成甚至超额完成上级的指标，不惜牺牲本

---

[1] 职责同构一般是指在政府间关系中，不同层级的政府在纵向间职能、职责和机构设置上的高度一致。通俗地讲，就是在这种政府管理模式下，中国每一级政府都管理大体相同的事情，相应地在机构设置上表现为"上下对口，左右对齐"。比如，按照有关法律规定，除国防、外交明确属于中央政府的专有职责外，其他公共服务职责，如教育、卫生、科学、文化、城乡建设、民政、公安等，都属于中央政府和县以上地方政府的共有职责，几乎一一对应，上下一般粗，存在着职责交叉重复、模棱两可等问题。

地区的利益。只有在升迁无望或者某些道德因素的作用下，下级政府官员才可能会抵制上级下达的不合理指标。由此造成的结果必然是下级政府只重视上级政府的行政命令，而忽视本地民众的要求。

我国从 1994 年开始实行分税分级财政体制改革，虽然分权的目的是要把地方各级政府培养成相对独立的一级预算主体，但由于上级政府在政治上对下级政府享有绝对的权威，即使上、下级政府的财政是相对独立的，上级政府的这种优越性很容易发生机会主义行为，即把支出问题尽量往下级政府压，而把资金收入权力尽量上调。这与公共选择理论中关于政府官员是理性的假设相符合。在目前的我国，由于人大的作用非常有限，因而难以实现对同级政府的有效监督，致使政府权力显得过于庞大。所以 1994 年分税制财政体制改革后，一方面国家财政收入连年增长，且增幅大大高于我国经济的增幅；另一方面县、乡两级的财政状况却每况愈下，就连最基本的保证人员吃饭、保证机关运转经费都难以为继，负债累累，不少县、乡财政已经到了崩溃的边缘。

（二）政府级次过多使得各级政府间财权难以划分

从行政层级的设置看，现代各国大多分为三级政府，有的分四级，而我国目前有五级政府，是世界政府层级最多的国家之一。一般而言，各个国家的经济社会活动通常由多级政府来共同行使和完成。与此相适应，公共产品的服务也是由多级政府的财政统一实施。根据国家经验，一个国家的政府层级与税种的划分相适应，这样有利于收入划分。但如果税种过多，则会扰乱市场经济运行，损害社会的效率与公平。因此，兼并税种是世界的主流趋势，也就是说，不论政府层级有多少，税种设置的科学性不能违背。我国目前的 28 个税种在五级政府之间划分是比较棘手的问题，分税制通过划分中央税、地方税和共享税，只明确了中央政府的财政收入来源，但如何在其他四级地方政府间划分其余的 13 个地方税种仍是一笔难以算清的糊涂账。由于我国不能像美国那样完整地按税种划分收入，只能走共享收入的途径。而扩大共享部分又会反过来影响分税分级财政基本框架的稳定（共享税的比例都是由上级政府确定的，下级政府在"讨价还价"中处于劣势，而上级政府可以根据自己的利益来制定规则，最后导致的就是财权的层层上收、基层县乡财政的困难，且更不用谈分税制所要求的各级政府成为相对独立的一级预算主体了）。由此看来，不论怎样设计，都难以把"分税种形成不同层级政府收入"的分税制基本规定贯彻到一个五级政府的架构内去，因而也是目前各级政府间财政关系不顺畅的主要原因。

　　总之，我国目前各级政府间教育财政职能划分的不合理制约了义务教育的发展，只有进一步规范政府的财权和支出权，才能从根本上解决义务教育均衡发展问题。

第四章　财政分权与我国义务教育支出的实证分析

　　财政分权的初衷是提高公共产品的提供效率，而我国在经历了多年的财政分权改革后，中央政府的财政收入虽然在目前的分配格局中有了很大提高，但其支出只占全国的 30% 左右。财政分权不仅没有给社会公共福利带来提高，反而致使基层财政日益困难、社会矛盾突出。这种根源于计划经济时代的事权与现有收入分享体制相脱节的现象，形成了中国特有的财政联邦主义，其直接后果就是造成地方政府财政预算压力日渐沉重，各级政府间财政关系日趋复杂和区域差距加大。在教育领域，中央政府和省级政府将义务教育的投入责任下放到地方政府，这种权责不匹配的政府关系无疑使义务教育的投入受到了较大的限制。因此，本章将对地方政府的义务教育投入及影响因素进行实证分析和描述，找出教育经费投入差距扩大的具体原因。

第一节　教育经费指标的选取与度量的界定

一、教育经费指标的选取与来源

　　教育经费分为国家财政性教育经费（包括财政预算内教育经费、各级政府征收的用于教育的税费、企业办学经费、校办产业、勤工俭学和社会服务收入中用于教育的经费）；社会团体和公民个人办学经费；社会捐资和集资办学经费；学费和杂费（教育部将在明年对全国农村小学初中实行全部免收学杂费）；其他教育经费。鉴于本研究分析的重点是政府教育支出的职责，故仅对政府教育支出内容进行研究。

　　本研究所用到数据资料主要来自于《中国教育经费统计年鉴》和《中国统计年鉴》，时限为1997~2005年。主要参照的数据指标包括：分地区普通小学教育经费支出及预算内经费支出，分地区普通小学生均教育经费支出及其预算内经费；分地区普通初中教育经费支出及其预算内教育经费，分地区普通初中生均教育经费支出及其预算内教育经费。此外，在分析分地区的总体教育经费和生均经费时，还分析了各种经费的支出类别，包括基建经费、公用经费和人员经费的比例关系。

　　财政预算内教育经费是指中央、地方各级政府财政在本年度安排并拨款到教育部门的应用于小学、初中的教育事业费（包括人员经费、公用经费）、教育基建支出费用。生均教育经费是衡量各地区每个学生所接受政府教育支出成本的大小，它不仅与当地的经济发展水平有关，而且还与本地区的人口、政府对于教育的重视程度和努力有关。因而，生均教育经费指标可以作为衡量政府教育重视程度的变量。

　　另外，本研究在分析实际教育支出中夹带了预算内财政支出指标，是为了说明地方政府的实际教育支出与预算内经费支出有时存在较大的差距，这归结于地方政府迫于居民需求和上级有关政策的压力有可能动用预算外经费来弥补预算内经费的不足，进而反映了我国财政制度软约束的弊端。

二、教育经费"差距"的统计度量

　　关于"差距"的度量经济学和统计学中有很多种方法，根据需要，本研究仅采用变异指标进行分析。变异指标又叫变动度，是统计学中描述具有相同性质的标志值数列离散程度的重要指标。如果变量数列中各单位标志值之间的差异越大，即标志值的离散程度越大，各标志值与其平均值距离的总和就越大；反之，如果变量数列中各单位标志值之间的差异越小，即标志值的离散程度越小，各标志值与其平均值距离的总和就越小。根据不同的度量方法，变异指标可以分为极差、平均差、方差和标准差，变异系数以及加权的变异系数、离均差变异系数、加权离均差系数等。并且运用到收入分配的研究中，测算各区域（或组）间人均收入相对差异的大小。它们的数值越小，则表示各区域（或组）间人均收入相对差异越小。在这里仅采用极差、极差率、标准偏差和变异系数四个指标对教育经费的差距进行描述。

第二节 政府教育支出的规模与结构

一、普通小学教育经费的规模及差异

为了能够客观地反映出教育经费的差距，我们采用界面和历史数据进行分析，以便综合把握教育支出的差距。

1. 普通小学教育经费支出及差距

（1）图 4.1 显示了我国 2004 年分地方地区普通小学教育经费支出的情况。从图中可以看出，我国最高的义务教育经费投入省份是广东省，其支出额为 202.94 亿元，其中预算内经费 131.94 亿元；最低的投入省份是青海省，其支出额为 8.24 亿元，其中预算内经费 7.60 亿元。前者省份的教育经费支出总计是后者的 24.62 倍，预算内经费是后者的 17.36 倍。教育经费最高的三个省市是广东、江苏和浙江，全部是东部省份。而最后的三名省份是青海、宁夏和西藏都属于西部地区。

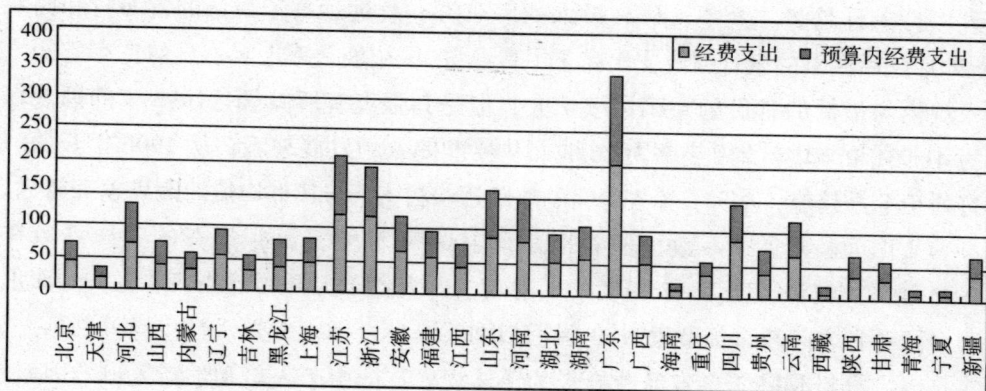

图4.1 2004年普通小学教育经费及预算内教育经费支出统计（单位：亿元）

（2）在教育经费支出中，考察支出类别的差距对于比较办学条件效益的差距十分重要。图 4.2 是 2004 年各省教育经费分类别支出的图示。

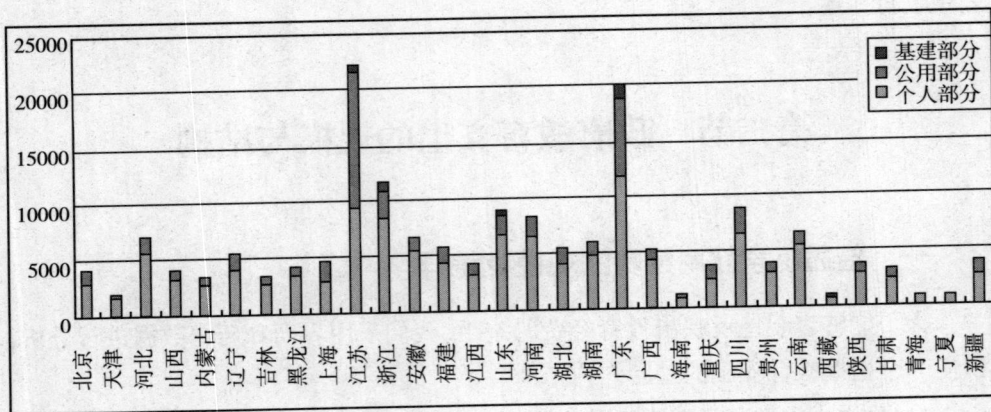

图4.2　2004年各省普通小学教育经费分项目支出统计（单位：百万元）

就全国范围而言，教育财政支出中的人员经费占经费总量中的大部分，而公用经费和基建经费的比重则比较弱小。全国公用经费平均占人员经费的 30.9%，基建经费占人员经费的 4.6%。这种经费支出结构上的扭曲使得广大农村地区及落后地区的基本设施、办公条件极为简陋。

（3）从历史的角度分析，我国各省区市自 1996 年以来，教育经费的投入差距逐步拉大。图 4.3 显示，极差指标除了在 1998 年有所下降外，在其他年份一直保持上升趋势。其中，最高投入的广东省一直远远高于最低的青海省和西藏（2002 年后西藏的教育财政支出高于了青海省）。从极差率上看，虽然广东省的投入规模与最低的省份的差距持续扩大，但是其强度有所减缓，1996 年的极差率为 41.95，2004 年的极差率为 20.67。从标准偏差的发展来看，从 1996 年开始一直处于上升趋势，说明了各省份间的差距逐步拉大，与其平均值的距离越来越远。

从图 4.4 的变异系数也能看出，自 1996 年开始，教育经费的变异系数在 1996~1997 年间经历了一个短暂的低谷后，一直处于上升的趋势，这也从侧面说明全国各省之间教育经费投入的差距依旧扩大。

以上分析是基于各省经费投入的总体规模，但由于人口和学龄人口的因素，以上结论并不能很好地反映各省实际投入的努力程度，因而生均指标更适合分析各地区教育投入的差距。

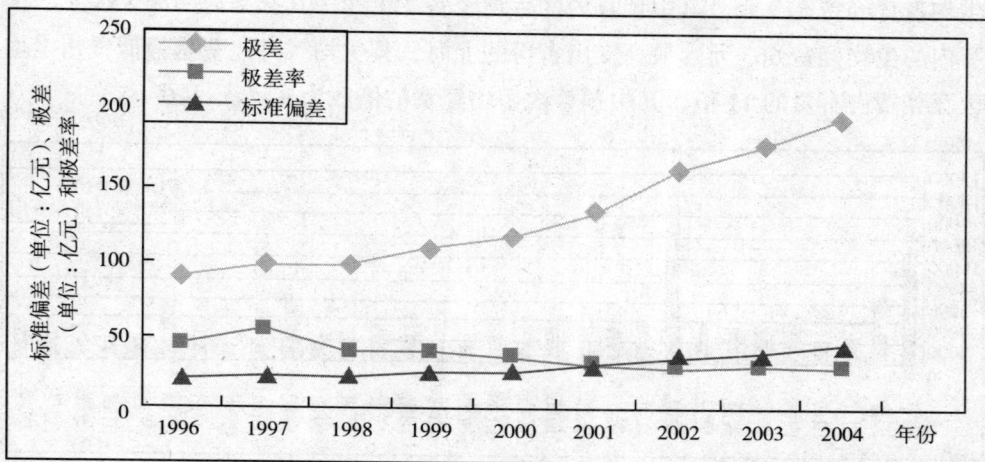

图4.3　普通小学教育经费的标准偏差、极差、极差率变化统计

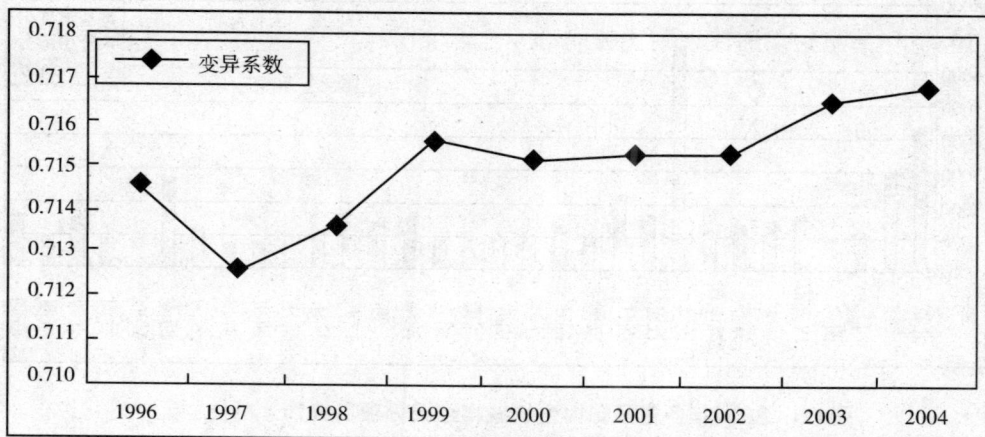

图4.4　普通小学教育经费差距的变异系数

2. 普通小学生均教育经费支出及差距

（1）生均经费的总体差异。根据教育经费统计年鉴的数据显示，2004年各省份普通小学生均教育经费支出之中，上海市的生均经费指标最高，为9039元。其中，预算内的生均经费为6733元；北京其次，生均经费6411元，预算内的生

均经费 4292 元；天津为 3621 元，预算内的生均经费 2930 元。最低的省份是贵州，生均教育经费 819 元，其中预算内的生均经费 721 元；其次是河南的 853 元，预算内的生均经费 663 元。最高支出省份的上海，其生均教育经费是最低贵州生均教育经费占有量的 11 倍，其中预算内生均经费的倍数为 9 倍。见图 4.5。

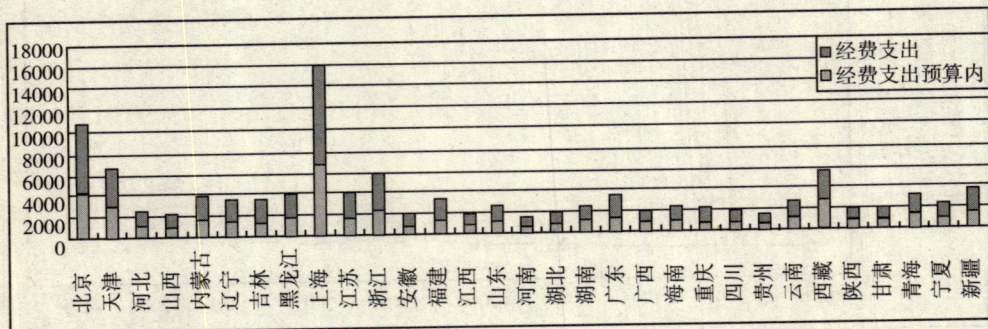

图4.5　2004年各省生均教育经费、预算内生均教育经费支出统计（单位：元）

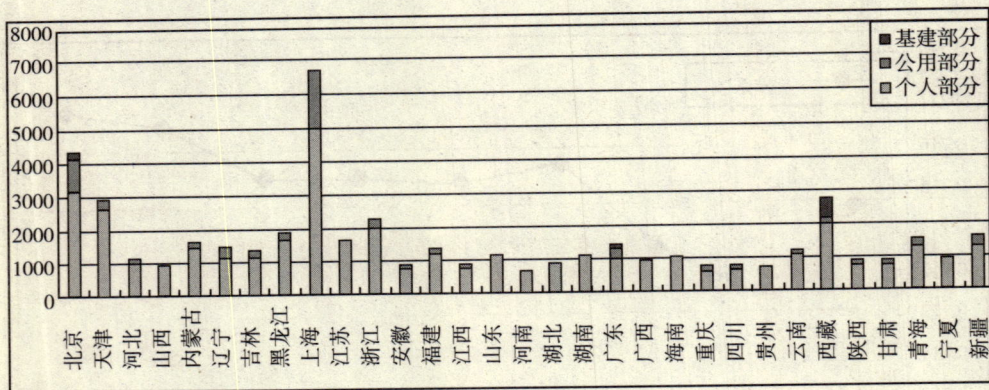

图4.6　2004年各省预算内生均教育经费分项目统计（单位：元）

（2）生均经费的结构差异。2004 年各省教育经费支出的构成中发达省份的基建经费比重一般较小，而中、西部地区，尤其是农村地区，基建经费的比重相对大一些，这说明了中西部地区和农村地区的教育基础建设相对落后。分省的生均预算经费中基础设施所占比重中西藏的支出比重最大，为 20%，而天津的相应数据则为 0、上海为 0.8%。证实了西藏义务教育的硬件设施仍旧处于落后状态，其校舍等固定资本支出依然处于重点保障之中。对于东部地区经济发达的省份来讲，义务教育的基本建设已经不再重点考虑之中。另外，在办公经费的支出中，北京、上海的生均预算内办公经费占事业经费的比重最高，分别为24%、25%。最低省份是广西和海南，其比例为4%。见图4.6。

（3）从历史的角度分析，普通小学生均经费的标准偏差、极差、极差率和变异系数从1996年开始一直处于上升趋势，说明了各省人均教育经费支出的差距正在逐步拉大。具体而言，1996年的标准偏差、极差和极差率分别为32.17、17、8.43和0.51，到2004年底上述三个指标分别上涨到167.33、82、11.03、0.81，增长率分别为512%、472%、131%和158%。具体情况见图4.7、图4.8。

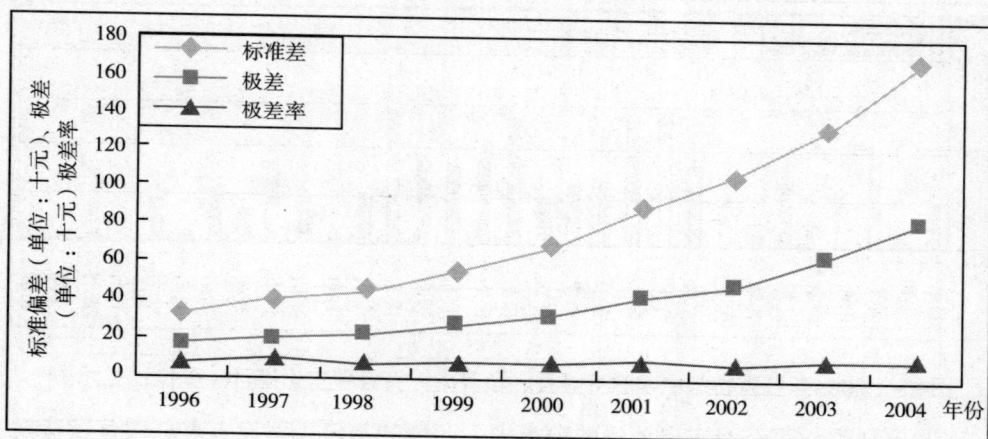

图4.7　普通小学生均教育经费差距的描述统计

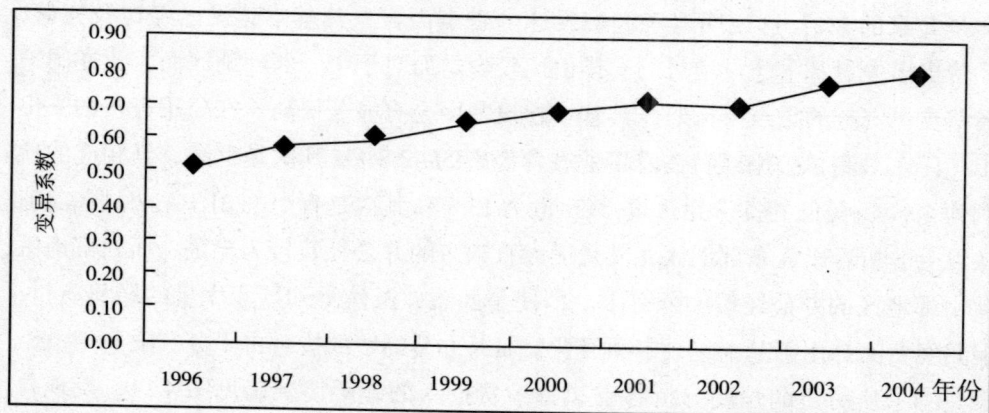

图4.8　普通小学生均经费变异系数的描述统计

二、初级中学教育经费的规模及差异

1. 初级中学教育经费支出规模与支出差距

（1）2004年初级中学教育经费投入最高的省份是广东省，为126.80亿元，其中预算内投入为79.37亿元；其次是江苏，为89.62亿元，预算内为52.61亿元；浙江为87.04亿元，预算内为50.13亿元。投入最低的省份是青海省，为4.20亿元，其中预算内拨款3.66亿元，最多的三个省份分别是最少省份的30.2倍、21.36倍、20.75倍（按照总投入的教育经费计算），见图4.9。

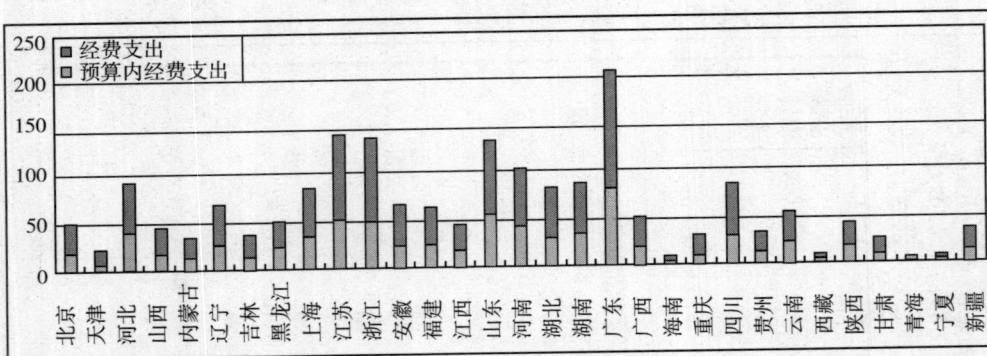

图4.9 2004年各省初级中学教育经费、预算内教育经费支出统计（单位：亿元）

（2）初中教育经费支出项目的分类中，西藏的基建经费投入占总教育经费投入的比重最大，为46.6%；黑龙江和天津的比重最小，分别为1.4%、1.7%；其次是北京的2%。这说明对于经济发达的省市而言，其基本建设已经比较完善，经费支出中对基本建设项目的安排也比较少。而对于中、西部地区而言，在国家转移支付资金的重点扶持时，其基本建设费用会有显著提高。在公用经费的支出中，广东最高，公用经费占总事业教育经费的42.8%；其次是上海，其相应的比例为40.4%；最低的省份为西藏，其比例为13.8%；其次是青海的21.1%。见图4.10。从以上分析看出，东部地区尤其是三大直辖市的办公经费较为充足，而西部地区及中部地区的办公经费十分有限。即使是西藏，虽然得到国家大量的转移支付，但其经费大都用于基本建设专项经费，而对办公经费的拨付也十分有限。

（3）从历史的角度分析各省教育经费投入的差距情况，见图4.11，发现自1996年开始，标准偏差以及极差都处于不断上升的趋势。这说明全国各省在初

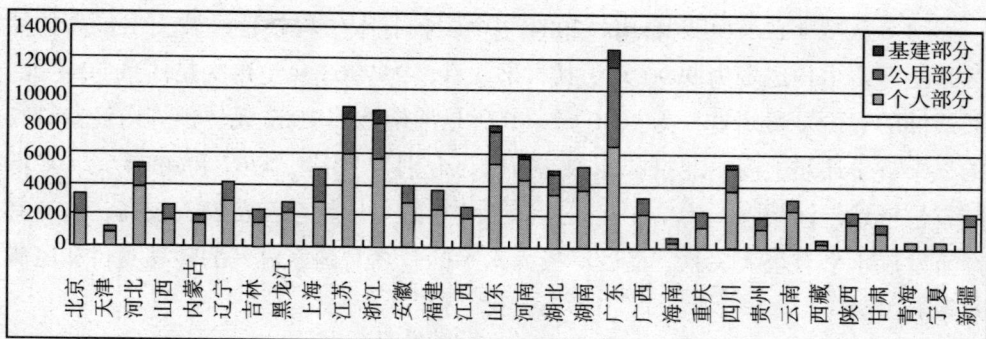

图4.10　2004年各省教育经费分项目支出统计（单位：百万元）

中教育经费投入中的差距越来越大。而通过极差率的分析发现，除在 2000 年有一个上升的突变外，其他时间内一直处于下降的趋势。说明投入最多的省份与投入最低省份间的差距拉大的强度有所减小，但其差距依然十分明显。见图 4.11所示。

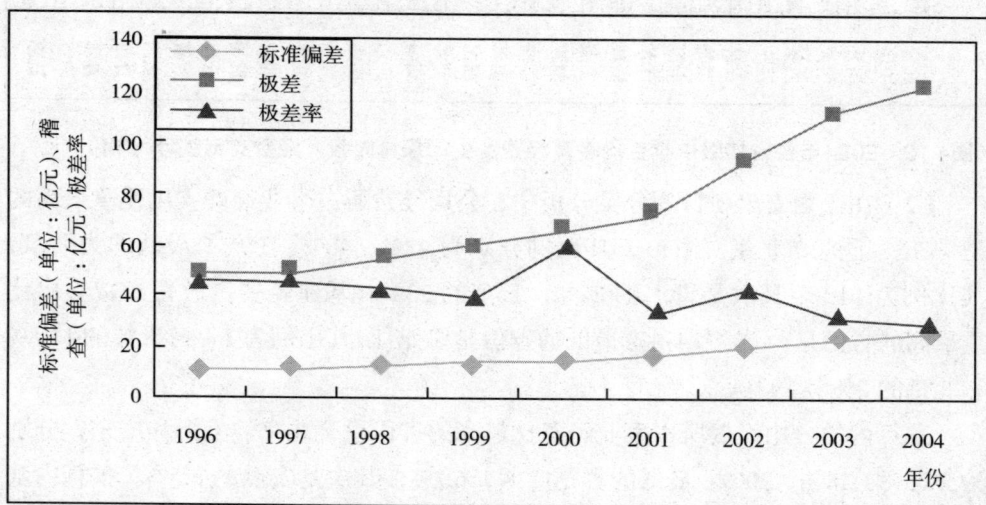

图4.11　初级中学教育经费差距的描述统计

2. 生均教育经费、预算内生均教育经费及其支出项目的差距分析

为了排除人口因素对教育投入的影响，下面从人均教育经费的占有程度来分析各省的投入力度。

（1）从图4.12中可以看出，2004年全国各省市生均教育经费支出最高的地区是上海，生均经费为9990元；其次是北京，为7763元；再次是西藏5041元。而最低的省份是贵州省，为1040元；其后是河南省的1067元。预算内经费最高的三个省份还是上海、北京和西藏三省区，分别为7014、4767和4829元。最低的省份依然是河南省，为773元。上海、北京的生均教育经费投入较高，这与其经济发展水平有很大关系。而西藏投入水平的较高与国家对其的转移支付和民族政策有关。

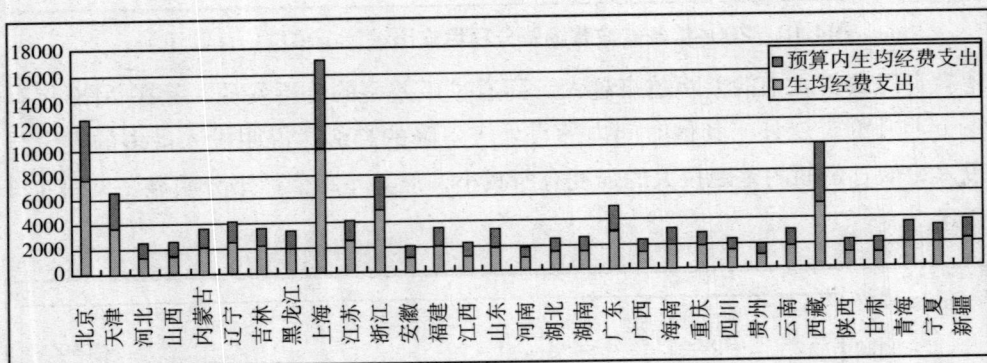

图4.12　2004年各省初级中学生均教育经费、生均预算内教育经费支出统计（单位：元）

（2）在经费支出项目的分类分析中，公用经费所占事业经费支出比重最高的是广东、上海和北京三省市，其比例分别为43%、40%、35%；最低的为西藏，其比例为14%；其次是青海的21%，云南的23%。基建经费占教育经费支出比重最高的省份是西藏，为47%。最低的省份是黑龙江，其比例为1.4%；天津的1.75%和北京的2%紧随其后。

预算内的公用经费所占事业经费比最高的省份也是北京、上海和广东，分别为29.5%、28%、20%。最低的省是广西，6.1%，其次是安徽的6.5%。预算内基建比中最高的省份是西藏，45%，其次是广东和重庆，其比例是11%。最低省份是山东的1.1%。见图4.13。

（3）从初级中学生均教育经费支出的标准偏差、极差以及极差率和变异系数的发展趋势来看（见图4.14、图4.15），自1996年开始，四项指标的发展趋势线都是处于上扬的走势，这说明了各地初中生均教育经费支出的差距正在逐步拉大。

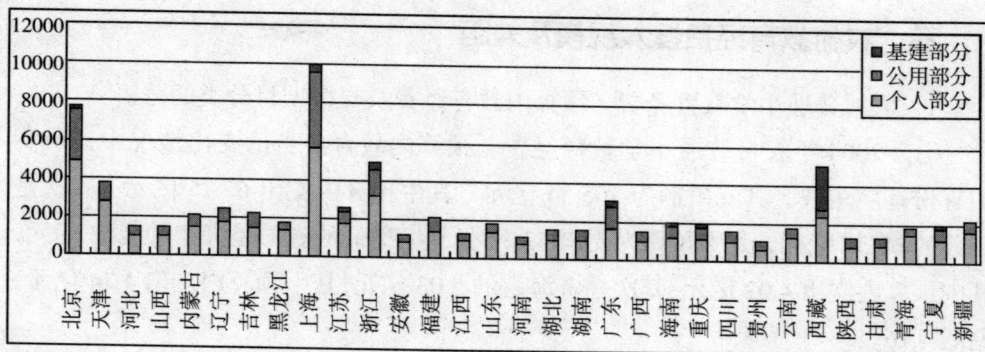

图4.13　2004年各省初级中学生均教育经费分项目支出统计（单位：元）

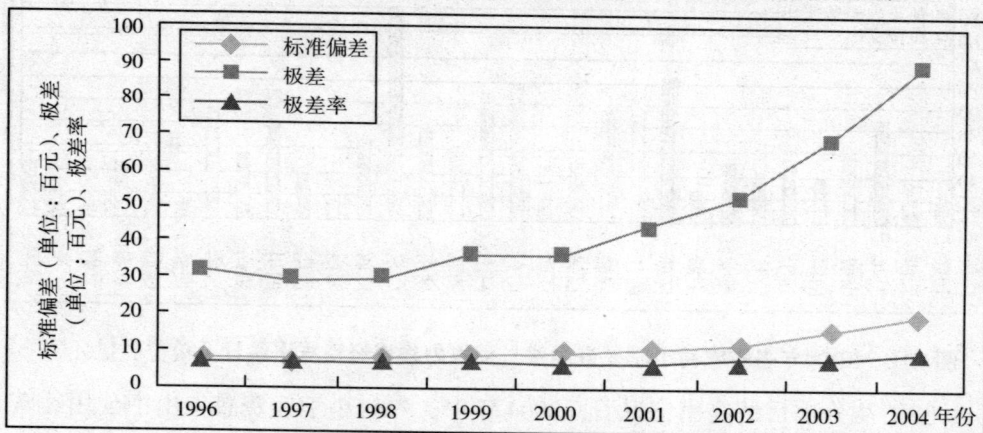

图4.14　各地区初级中学生均教育经费差距的描述统计

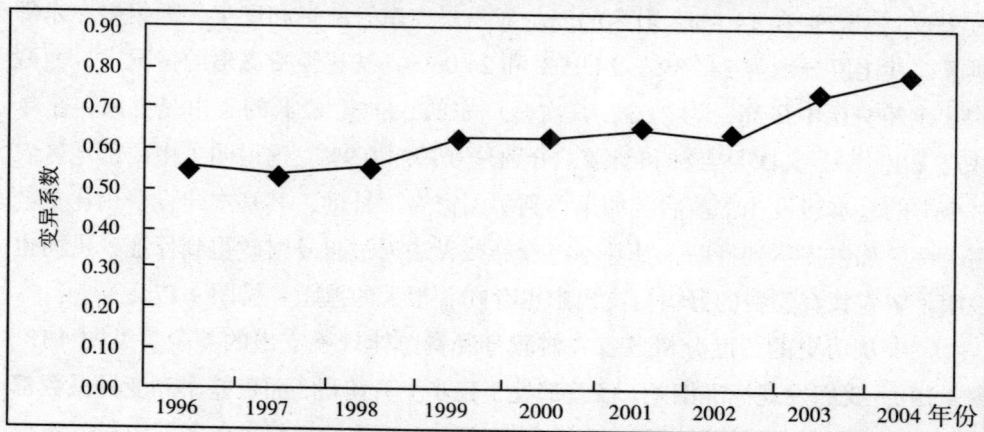

图4.15　生均教育经费支出变异系数统计

三、农村教育经费投入规模及差距

1. 农村普通小学教育经费、预算内教育经费及支出项目分类的分析

（1）2004 年农村普通小学教育经费、预算内教育经费的支出情况中，最高的省份是广东省，其支出额为 105.54 亿元，其中预算内支出 67.75 亿元；其次是江苏的 69.38 亿元，其中预算内支出 53.30 亿元。最低的省份是天津的 4.88 亿元，其中预算内支出 4.02 亿元；其次是青海省的 5.03 亿元，其中预算内支出 4.74 亿元，见图 4.16。

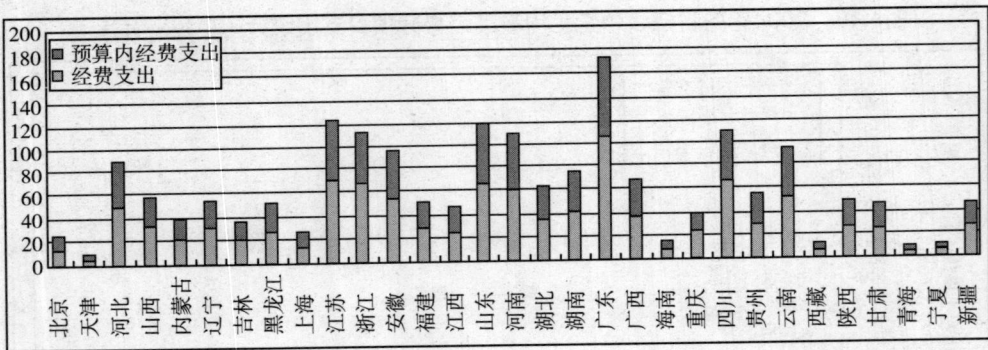

图4.16　2004年各省农村小学教育经费、预算内教育经费支出统计（单位：亿元）

（2）从分项目的支出情况看，2004 年中，农村小学经费总支出中公用经费所占比重最低三个省份全部集中在中西部地区：西藏、内蒙和广西，其比重分别为 9.3%、13.2% 和 14.2%。最高的三个省份是广东、北京和辽宁，都集中在东部地区，其比值分别为 34.78%、24.95% 和 24.06%。基建经费支出的情况中，西藏的基建经费比中最高，为 21%，其次是广东的 5.8%，最低的省市是上海，全年基建支出为 0，其次是吉林和新疆，分别是 0.7%、0.9%。这说明了中西部地区农村小学的基本建设非常落后，如果得到了国家专项补助，其基本建设费用比重会高一些，如果得不到补助，其基本建设经费无法通过自身财政得到保证，进而也说明了各省教育经费的分项目支出中也存在着很大的差距。见图 4.17。

（3）从历史的角度分析各省农村教育经费总体规模支出的差距（见图 4.18、图 4.19）。我们发现标准偏差、极差都处于稳步上升阶段，而极差率和变异系数都处于下降阶段。这说明随着国家对农村教育支出政策的倾斜，各省际农村间教育

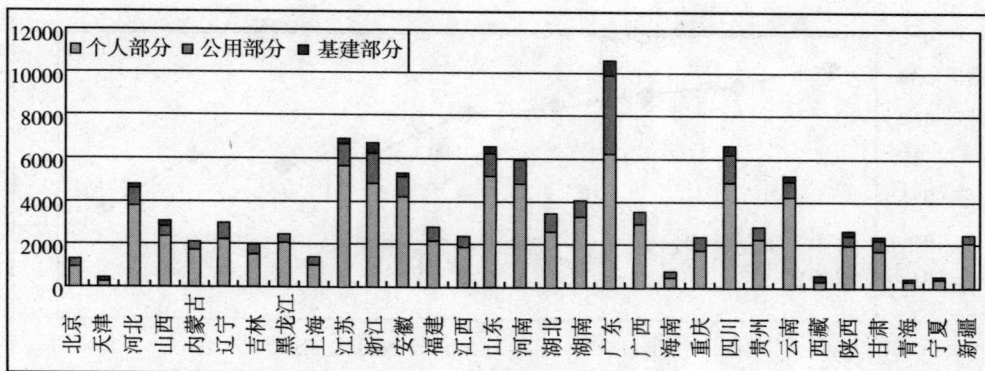

图4.17 2004年各省农村普通小学教育经费分项目支出统计（单位：百万元）

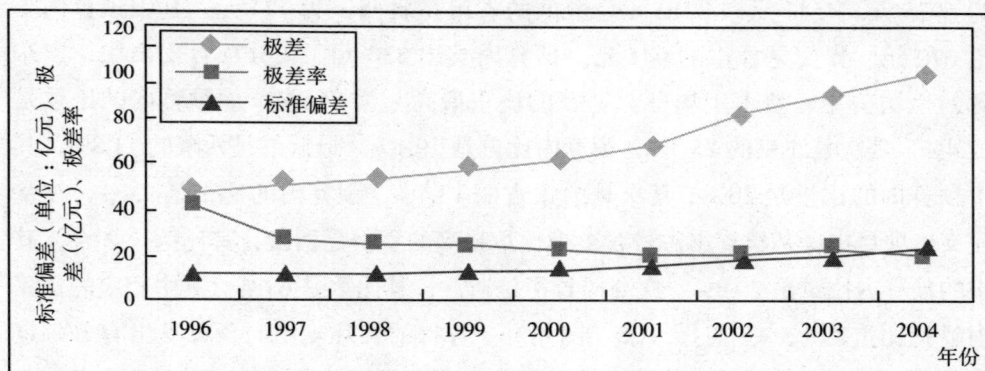

图4.18 全国农村普通小学教育经费差距的描述统计

经费支出的差距虽然依旧存在，并继续扩大，但其差距扩大的程度有所减缓，这也意味着国家的农村倾斜政策对于抑制农村教育经费不足及差距扩大已经起到一定作用。

2. 各省农村普通小学生均教育经费、生均预算内教育经费及支出项目分类的差距

由于各省的城市化水平的不同，以上分析只是基于经费的总体规模，为了更好地体现各省的努力程度和差距，下面将以农村生均经费指标进行分析。

（1）2004年全国各省农村生均教育经费支出中，最高的省市是上海、北京和浙江，分别为6676元、5754元和3340元，其中的预算内教育经费支出分别

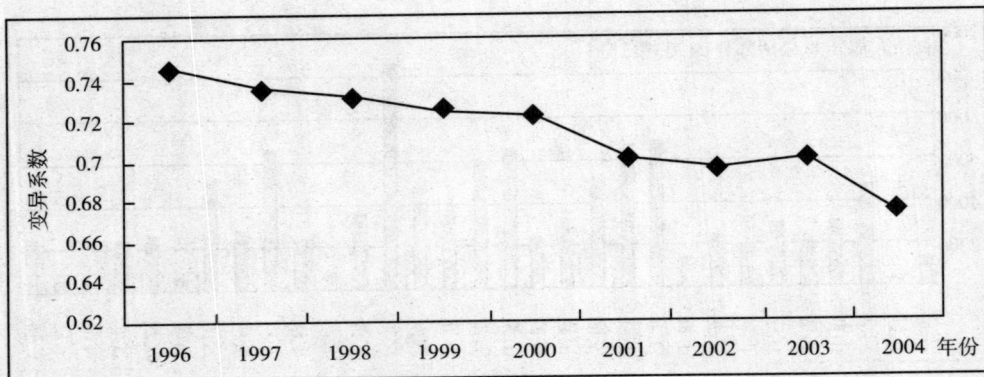

图4.19　全国农村普通小学教育经费的变异系数

为 5925 元、4543 元和 2212 元。最低的省市是贵州，为 774 元，其中预算内支出 670 元。其次是甘肃的 944 元，预算内支出 830 元。在分项目支出中，广东省的生均公用经费占生均事业经费的比重最高：为 36.9%，而预算内的比重是 17.4%。其次是北京的 25.5%，预算内比重是 19.1%。最低的是西藏的 11.8%，其中预算内的比重是 10%；其次是内蒙古的 13.4%，预算内的比重是 9.4%。在基建支出项目中，基建支出占教育支出比重最高的省份是西藏，其比例是 21%，其中的预算内比重是 20.9%。次高的省份是浙江，其比重是 6.6%，其中相应的预算内经费比重是 1.3%。见图 4.20、图 4.21。各省的实际支出与预算支出有着一定的差距，发达省份相对于落后省份来讲这种差距显得较大一些，说明发达省份的额外转移支付或者临时性教育投资较多，教育财政环境较为宽松。

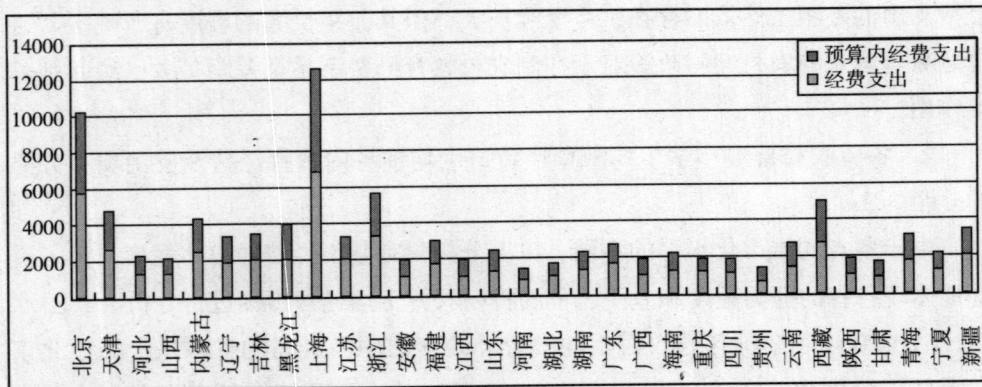

图4.20　2004年各省农村普通小学生均经费、生均预算内经费支出统计（单位：元）

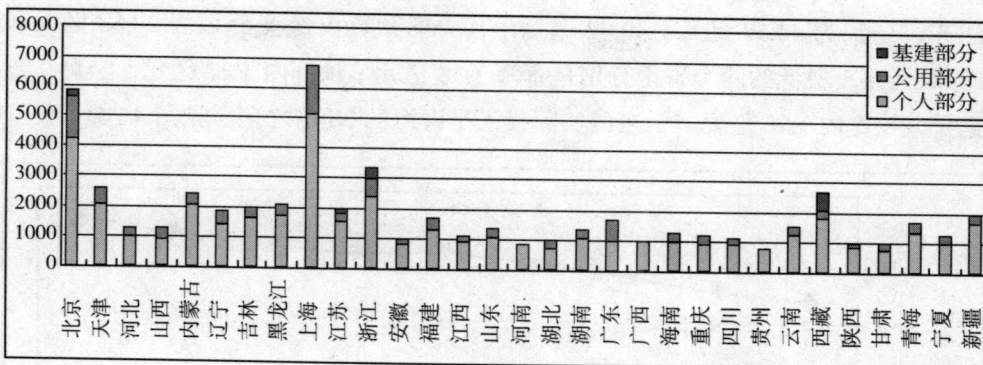

图4.21 2004年各省农村普通小学生均教育经费分项目支出统计（单位：元）

（2）从农村普通小学生均经费投入的历史发展来看，全国各省农村投入差距正在逐步拉大。从图 4.22、图 4.23 中可以看到，自 1996 年开始生均教育经费的标准偏差、极差、极差率和变异系数都处于稳步上升阶段。1996 年全国农村普通小学经费的标准偏差、极差、极差率和变异系数分别为 259 百元、1475 百元、8.11 和 0.47，而到 2004 年各项指标分别发展到 1303 元、5932 元、8.98 和 0.71，各自增长了 5.03、4.02、1.11 和 1.51 倍。变异指标的不断上升说明了农村教育经费的差距正在拉大。

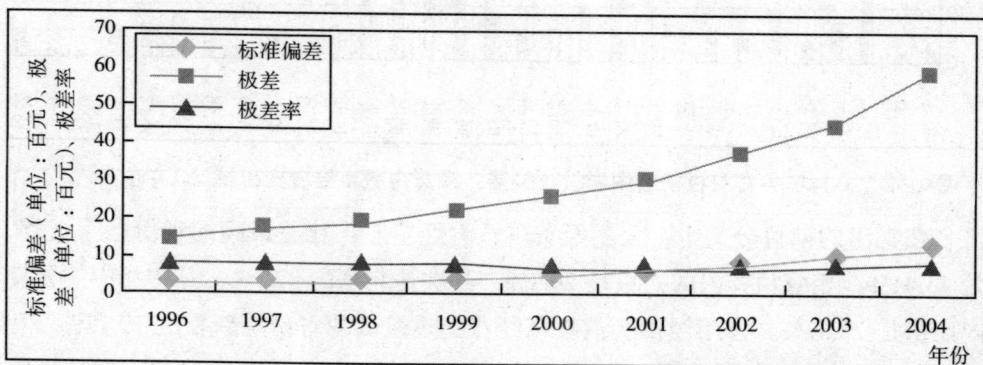

图4.22 全国农村普通小学生均教育经费投入差距的描述统计

3. 农村初级中学教育经费、预算内教育经费及支出项目分析

（1）2004 年，农村初级中学的教育经费和预算内教育经费投入中，全国投入最多的省份是山东，为 52.58 亿元，其中预算内有 40.86 亿元。其次是浙江和

江苏，分别为 44.59 亿元、40.97 亿元，其中的预算内经费分别为 27.58 亿元和 28.02 亿元。最低的两个省份分别是青海 1.38 亿元；预算内 1.27 亿元，宁夏 2.23 亿元，预算内 1.76 亿元。山东的实际投入是青海的 38 倍之多。见图 4.24。

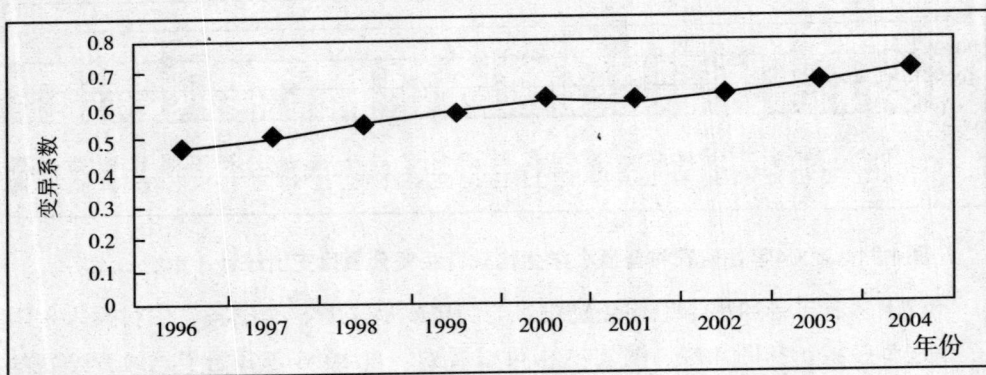

图4.23　全国农村普通小学生均教育经费的变异系数描述统计

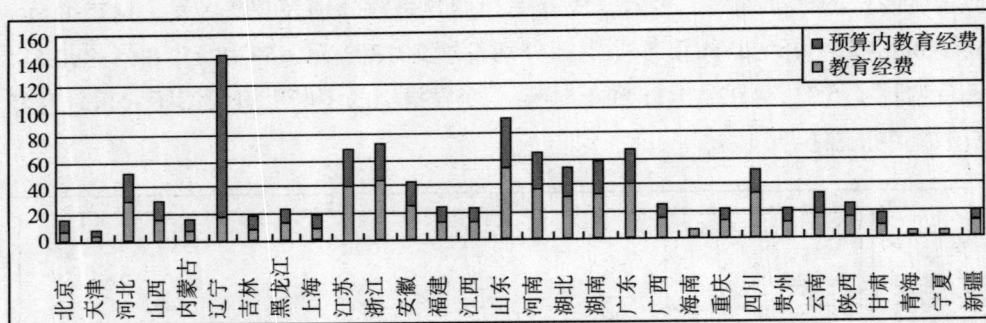

图4.24　2004年各省农村初级中学教育经费、预算内教育经费支出统计（单位：亿元）

　　在支出的项目分类中，公用经费占教育经费支出比重最高的省份是广东省，为 43.41%，相应预算内的比重是 20.2%，其次是北京的 32.1%，其中相应的预算内比重是 23.87%。公用经费所占教育经费比重最低的省份是新疆的 19.18%，相应的预算内比重是 12.73%。其次是青海的 19.33%，相应预算内经费中的比重是 13.46%。基建经费所占教育经费支出比重最高的省份是重庆的 8.78%，其相应的预算内比重是 12.41%。其次是四川的 6.9%，相应的预算内比重 4.5%。最低的省份是天津和上海，为 0，相应的预算内比重是也是 0。见图 4.25。由于缺乏西藏的数据，无法对 2004 年西藏农村初级中学的教育投入进行比较。公用经费的巨大反差也可反映出各地的办学经费充裕与否以及各地方政府对于教育的重视程度。

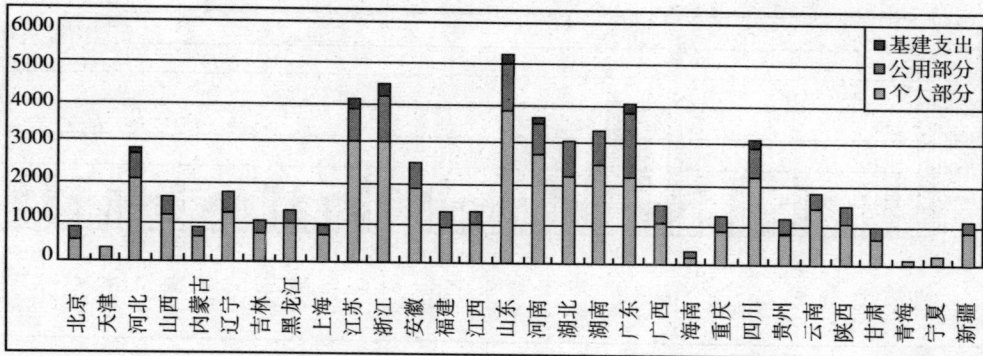

图4.25　2004年各省农村初级中学教育经费分项目支出统计（单位：百万元）

（2）农村初级中学生均教育经费及支出项目分类的差距分析

考虑到各省的学龄人口因素，生均教育经费占有量最多的3个省市是上海、北京和浙江，其人均经费占有量分别为7332元、5949元和4256元。最低的省份是贵州，其支出额为870元；其次是河南的919元，安徽的987元。在生均办公经费占生均事业经费比重最高的是广东省，其比例为43.4%。其次是北京的32.01%，最低的省份是新疆、青海，比例分别为19.18%和19.33%。基建支出比例最高的省份是青海、重庆和四川，其比值分别为11.34%、8.78%和6.91%，最低的是天津和上海，其总支出中的基建经费所占比例都为0。这也说明了西部地区的基础建设条件改善任务艰巨，教育发展处于打基础的维持阶段，而发达地区的教育资金充足，教育处在追求质量的高级发展阶段。见图4.26、图4.27。

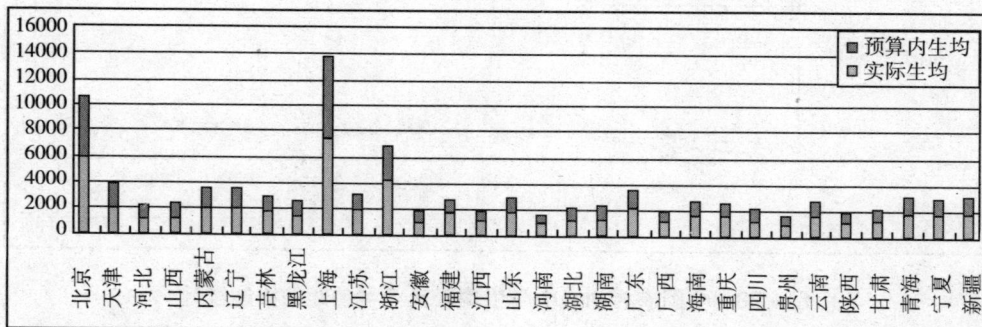

图4.26　2004年各省农村初级中学生均经费、生均预算内经费支出统计（单位：元）

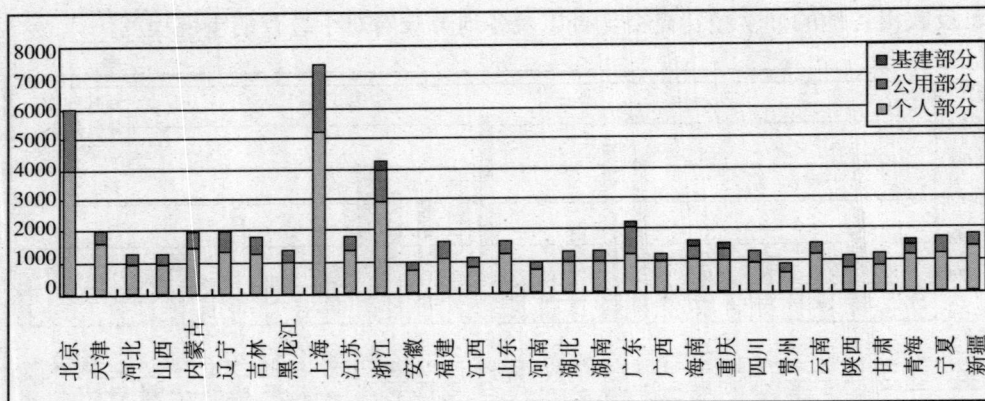

图4.27　2004年各省农村初级中学生均教育经费支出统计（单位：元）

（3）从历史的角度分析全国农村初级中学生均教育经费支出差距的变化情况（见图4.28、图4.29），可以发现生均经费的标准偏差、极差和变异系数总体上都是处于上升的发展趋势，而只有极差率有缓慢下降的趋势。这说明全国各地农村初级中学的生均教育经费投入差距正在处于一个逐步拉大的状态。变异系数和极差在2000年前后两指标都有一个起伏点，这意味着西部大开发政策的实施降低了东部省份和西部省份的投入差距。但由于没有其他政策的配套及西部地区本身经济落后的等原因，在随后的时间中东西部地区的差距依然存在并有扩大的趋势。

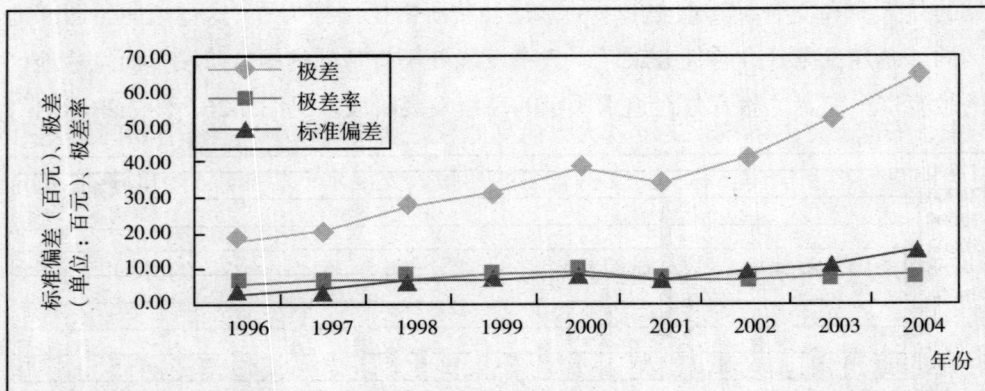

图4.28　全国农村初级中学生均教育经费差距的描述统计

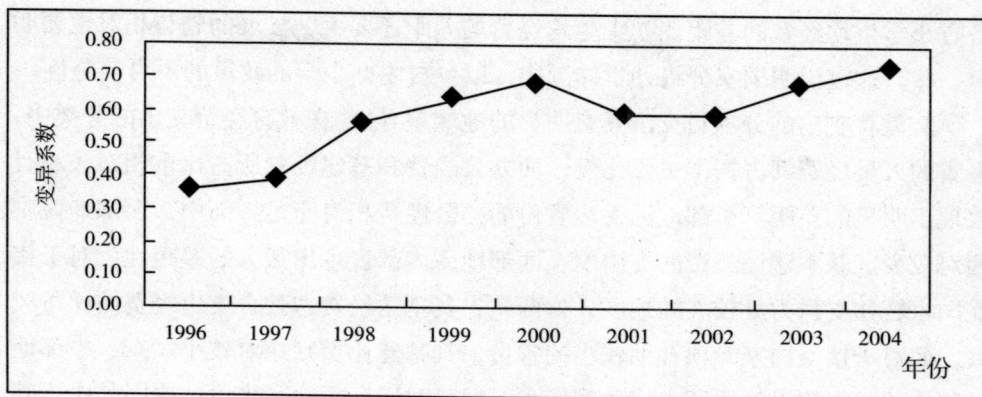

图4.29 全国农村初级中学生均教育经费变异系数的统计描述

四、小结

上述统计分析显示，我国各省、地区间教育支出的差距明显，并正在逐步拉大。主要表现在以下几个方面：

1. 教育经费投入规模的省际差距显著。从统计数据看，小学和初级中学的教育经费投入规模都表现出很强的地理空间分布特征，即由东到西梯次逐步减少。东部地区省份的教育支出总体规模都高于中、西部地区省份的教育投入值，而中部大部省份教育支出规模高于西部地区的投入额。

另外，在三大区域中内部也表现出不同的支出差距，东部省份中的三大直辖市以及广东、浙江、江苏的教育投入水平较高，而其他省份则相对较低。中部省份中，安徽、河南的投入力度较大，而其他省份则相对较小。西部省份间的差距更为明显，得到全国转移支付支持较多的西藏其支出水平相对较高，而其他省份则较低，尤其是青海和宁夏两省区。

从历史的角度分析，全国教育支出水平在增长的同时，各省的差距也在逐步拉大。由于国家教育政策及西部开发等政策的实施，全国各省份间投入差距拉大的强度有所减缓，但是仍旧没有从根本上遏制差距扩大的现象。

2. 人均教育经费支出的省际差异明显。消除了人口因素的影响后，各省份人均教育经费、农村生均经费投入的差距依旧十分明显。无论从小学还是从初中的生均教育经费来看，东部和西部省份之间的差距最大。并且从1996年开始，各省小学生均经费的差距比初中生均经费的差距还要大，扩展的趋势相对也要明显一些。这也说明国家分级办学体制中，以乡村主办小学的政策的不可实施性。

3. 教育支出的分项目支出具有明显的地域差异性。在教育经费支出的分类中，各省的人员经费都占据了主要比例，而办公经费和基建经费所占比重相对较小且表现出明显的差距。东部地区大多省份的办公经费相对充足，而中、西部地区则相对较少。基本建设经费的支出中，西部地区内部表现出很大的差距性，对于接受国家转移支付力度较大的地区，如西藏，其基建经费占教育支出经费的比重较大，而对于接受国家专项补助较小的省份，其基建比重则相对较小。东、中部地区整体的基本建设经费所占比重都较小，但是对于东部地区来说，原因是由于其义务教育发展相对快，基本建设已经比较健全，因而无须投入较多的资金。对于中部地区来说，是由于教育财政的有限而导致的基建比重过低。

以上对各省教育经费投入的总体规模和分类支出分析，只是基于教育支出的数据，从表象上展现了区域间教育资源投入的差距程度。而要想解决导致差距的症结，只有综合各省的经济、社会及政策等因素才能为教育的均衡发展找到解决的途径。因此，下面将从我国的财政体制、各省的经济发展以及国家有关政策等角度去剖析造成教育支出差距的原因。

第三节　财政分权与义务教育支出的实证分析

目前，对义务教育投入不足及其差距扩大原因的研究有很多，其中大多研究成果将教育资源配置差距的原因归咎于地区经济发展水平的落后，或经济发展落后而导致的教育财政不足。也有学者认为这种差距是由家庭、社会和政府等支出主体对教育投入的责任划分不合理等因素引发的。当然，也有少数学者从财政体制的角度分析发现，中国各级政府间的财政竞争会通过挤占义务教育的财政支出来吸引外来资本，从而在总体上导致社会服务总供给减少。这些分析虽然都从不同的侧面分析了教育支出规模的不足和差距扩大的原因，但仍显得有些片面和牵强。

在区域经济差距扩大、政府财政能力有限的既定前提下，为何各地区的基本建设支出、行政管理费用等公共投入却没有如此明显的差距呢？为何地方政府敢于冒着身负连续高涨财政赤字的风险依旧热衷于支出高速公路、城市基础设施建设以及扩大行政开销，而无力承受矛盾日益尖锐的社会福利公共支出呢？综合分析，这无不与各种公共支出产品支出收益的性质以及政府目标有着密切的关系。进一步说，在现行财政分权体制下，由于激励的错位与约束机制的欠缺，政府财政目标与社会发展目标市场发生背离，致使政府更加偏向于有利经济发展的公共产品投资而忽视社会福利公共产品的投资，从而导致了义务教育支出差距拉大。另外，财政分权体制与其他政策、经济因素的作用相互交叠，一起构成了当前义务教育支出不足及差距扩大的现实原因。

一、理论框架与模型的设计

（一）理论框架

财政分权的本意是出于"地方政府比中央政府具有了解当地居民需求的信息优势，通过地方政府之间的竞争而使得地方公共产品得到有效提供，从而改善社会福利状况"。这种理论的实现途径有两个前提：即通过"用脚投票"、"用手投票"来自由选择政府官员，以期待自身利益需求得到满足。然而，目前我国现有的政治、经济环境并非完全与西方财政分权理论相一致。

1. 中国式财政分权下人口迁移的户籍体制和官员任命的投票选举制缺乏真正的实现基础和机制。

首先，"用脚投票"机制在我国户籍的制度束缚下并不能完全发挥作用，居民的迁移受到户籍烙印的影响，尤其是中低层社会阶层受到的影响更大，社会融入权利的实现更加艰难；其次，在我国现阶段政府官员任命制使得"用手投票"机制的真正内涵难以实现，政府官员更加注重上级的态度和认可，而忽略基层居民的真实意愿；再者，以 GDP 为核心的地方政府官员绩效考核制决定了公共政策制定的强制变迁和政府官员以经济增长为主的行政目标行为，致使公众福利诉求难以表现或得以轻视。鉴于以上三种因素的合力作用我们可以得到第一个推论：

政府竞争的标尺作用促进了公共支出中生产建设型公共支出的倾向性。即在财政能力有限的前提下，地方政府有可能通过挤占社会福利的公共支出而实现业绩竞争和官职升迁的目的。再加上教育产出的人力资本具有收益的滞后性，对于现实经济增长的作用不明显。所以，政府官员在短暂的任期内极有可能会通过减少教育的支出去支持那些对经济具有短平快的投资项目，教育资金的缺乏也就不难理解。

2. 当前我国财政分权制度的不健全导致了各级政府间的权责利关系不对称。在我国现有的财政分权体制下，政府间的权、责、利关系并未完全理顺，并缺乏有效的法律保障。因而，在财政分配制度下，上一级政府通过掠夺式的集权行为，将利税收入集中于自己而将支出责任转移给下一级政府，导致了政府间纵向财政能力的差异，增大了基层政府的财政压力。下一级政府在未得到充足的财政收入来源时，将会挤压、减少公共产品的投资，致使教育供给不足。这种政府间的财权和事权不匹配现象是目前有关福利公共产品供需失衡的主要原因之一。

3. 经济转型发展阶段的差距和财政能力不同，使得地方政府具有"援助之手"和"攫取之手"的表现差距。对东部地区来说，经济发展基本完成了由粗放型到集约型的转变，地方政府为了吸收高新技术及留住人才，其注意力逐步从生产性投资转向公共需求建设，积极改善生产和生活环境，增加公共基础设施投资。对中西部贫困地区来说，经济发展相对落后，投资环境和基础设施建落后，技术和人才吸引困难。地方政府在吸引资本流入时，可能会出现重视生产建设型公共支出而忽视社会公共需求的情况。

鉴于以上我国的实际情况和财政分权在公共支出中存在的争议，财政分权究竟对我国不同地区的教育支出和公共支出产生怎样的影响，本节将通过实证分析加以说明。

（二）模型的准备

国内外关于政府财政支出结构及其影响的研究相对较少。根据 Mauro(1997) 在研究有关腐败与政府教育支出结构的关系时所使用的线性模型形式和傅勇、张晏（2006）在研究中国的基础建设结构时也采用了线型方程形式，本研究在遵循线型方程的基础上引入义务教育支出结构，同时还将"基本建设"支出作为参照，用以衡量政府在公共支出时的偏好和追求，进而可以反映出政府在公共支出中是否存在结构偏差。另外，为了反映教育内部的支出偏差，高等教育支出也将被纳入分析范围。最后，为了更加准确地分析财政分权对公共支出结构的影响，本研究还将加入其他影响公共支出的因子，如西部大开发战略和 2002 年收入所得税改革等因素引入方程，力求剥离出其他因素的作用，客观地反映财政分权的影响，模型具体如下：

$$\text{ELEXt(elementary school)} = \alpha\, FD_{reit} + \beta\, FD_{exit} + \chi\, PGDP_{perit} + \delta\, PGDP^2_{perit} + \varepsilon\, RGDP +$$
$$\phi\, FD_{exit} \times \psi T_{2000} + \gamma\, T_{2000} + \eta\, D_{2002} + \iota\, D_{1996} + \kappa\, D_{2003} + \xi$$

$$(4.1)$$

$$\text{JUEXt(junior high school)} = \alpha\, FD_{reit} + \beta\, FD_{exit} + \chi\, PGDP_{perit} + \delta\, PGDP^2_{perit} + \varepsilon\, RGDP +$$
$$\phi\, FD_{exit} \times \psi\, T_{2000} + \gamma\, T_{2000} + \eta\, D_{2002} + \iota\, D_{1996} + \kappa\, D_{2003} + \xi$$

$$(4.2)$$

$$\text{NUEX(university)} = \alpha\, FD_{reit} + \beta\, FD_{exit} + \chi\, PGDP_{perit} + \delta\, PGDP^2_{perit} + \varepsilon\, RGDP + \phi\, FD_{exit}$$
$$\times \psi\, T_{2000} + \gamma\, T_{2000} + \eta\, D_{2002} + \iota\, D_{1996} + \kappa\, D_{2003} + \xi$$

$$(4.3)$$

$$\text{INEXt(infrastructure)} = \alpha\, FD_{reit} + \beta\, FD_{exit} + \chi\, PGDP_{perit} + \delta\, PGDP^2_{perit} + \varepsilon\, RGDP +$$
$$\phi\, FD_{exit} \times \psi\, T_{2000} + \gamma\, T_{2000} + \eta\, D_{2002} + \iota\, D_{1996} + \kappa\, D_{2003} + \xi$$

$$(4.4)$$

以上变量中的 ELEX 代表着普通小学经费支出结构，采用预算内教育经费支出占各省地方财政预算支出的比重来表示；JUEX 代表普通初中教育经费支出结构，以预算内教育经费支出占本省地方财政预算支出的比重表示；UNEX 代表普通高等院校支出的结构，以高等院校预算内经费占各地区财政预算内支出的比重表示；INEX 代表基础建设支出结构，以其占各省财政预算内的比重表示；FD_{reit} 代表各省财政收入分权程度，以各省级财政收入占全国财政收入的比值来表示；FD_{exit} 代表预算内财政财政支出的分权，以各省人均预算内财政支出占全国人均预算内财政支出的比值表示；$PGDP_{perit}$ 代表人均国民生产总值，PFR、PFE 分别代表各地区的人均预算内财政收入和支出。RGDP 代表各地区的国民生产总值的增长率，用以考察个地区财政竞争而导致的经济增长与公共支出的关系。D_{2002}、D_{2003} 为虚拟变量，代表 2002 年、2003 年两次收入所得税改革，用来分析 1994 年分税制改革之后，2002 年、2003 年两次实施、调整的所得税分享财政体制对地方政府支出结构的影响。；T₂₀₀₀代表西部大开发政策的虚拟变量，用来描述我国2000年实施的西部大开发战略对西部教育支出的影响。。表示参数，表示残差量。I表示代表各地区，t代表年份。

由于《中国教育经费统计年鉴》为1996年，所以本研究分析1995~2005年这一时期的区域数据，它们均来自该期间《中国教育经费统计年鉴》、《中国统计年鉴》、《中国财政年鉴》、《新中国50年财政统计》和《新中国五十年统计资料汇编》、中经网统计数据库、国研网统计数据库、中宏数据库统计数据库中的相应数据。为了平抑通货膨胀的因素，本研究以1995年的GDP指数为100，计算各地区真实的增长水平。本书样本中将重庆数据并入四川处理，共包括中国大陆29个省、自治区、直辖市。

二、模型的检验与结果分析

（一）模型的检验

对以上模型我们利用Eviews软件包，使用pool数据方法进行检验。根据Hausman检验各回归方程均在1%水平下拒绝随机效应，故认为选择固定效应模型会更好些。为了充分比较各地区的特点，首先从全国的分析开始，然后再分析东、中、西三大地区中各省份的特点。另外，上述模型只是一个预想的理论模型，在实际验证中部分变量与设想的并非完全一致。为了保证方程的最优拟合效果和计量结果，一些没有通过检验的变量将被删除，但这并不会影响理论建模的基本形式，具体的结果见表4.1。

（二）模型结果分析

1. 财政分权对公共支出结构及义务教育的影响

（1）财政分权对全国范围教育及公共支出结构的影响

从表4.1全国范围来讲，收入分权对于义务教育、高等教育和基本建设的贡献作用相反，其系数分别为 −0.0086、−0.0067、−0.0051和0.0162，结果都通过检验。说明收入分权程度越高，政府对于教育财政投入的挤占程度越高，而对基本建设的投入则愈强。支出分权对于义务教育和高等教育的系数与基建的系数也相反，与收入分权的效果一致，其系数分别为 −0.0211、−0.0213、−0.0153、0.1072。

表 4.1　财政分权及其他政策因素对教育支出的影响

	全国				西部省份			
	方程 4.1	方程 4.2	方程 4.3	方程 4.4	方程 4.1	方程 4.2	方程 4.3	方程 4.4
FD_1	-0.0086** (-2.6891)	-0.0067* (-2.0137)	-0.0051* (-1.9365)	0.0162*** (4.8261)	—	—	—	—
FD_2	-0.0211** (-2.6543)	-0.0213** (-3.0451)	-0.0153** (-2.8264)	0.1072*** (5.3876)	-0.0317** (-2.8622)	-0.0281** (-2.4671)	-0.0132** (-2.8867)	0.2302** (2.6628)
D_{2002}	0.3801** (2.8831)	0.2103** (4.2863)	0.1931* (1.9835)	-0.3624** (-3.0141)	0.7863*** (6.3524)	0.33105** (2.6648)	0.2521** (2.6987)	-1.7305** (-2.7395)
D_{2003}	0.2132** (2.6630)	0.1162** (4.2851)	0.0708* (1.8846)	-0.3002** (2.8975)	0.2621** (2.9902)	0.1804** (2.6583)	0.1291* (1.8976)	-0.9101* (-1.7635)
T_{2000}				0.3721** (2.5598)	0.2019* (1.8763)	0.1505*** (5.6482)	4.3513*** (7.3628)	
PGDP	-0.0015* (-1.7682)	-0.0021* (-2.3384)	0.0051** (2.6471)	0.0066*** (2.6912)	-0.0016** (-2.5696)	-0.0011 (1.9357)	0.0062** (2.6441)	0.0263** (2.9667)
PFR	-0.0003** (-2.6103)	-0.0001** (-3.0257)	-0.0001** (-2.3612)	0.002*** (6.1702)	-0.004* (2.3842)	-0.002** (-3.0102)	-0.001 (-1.6575)	0.013*** (6.3017)
PFE	-0.0003* (-2.4672)	-0.0002** (-2.6771)	-0.0001** (-2.5531)	0.006 (1.2471)	-0.0005* (-1.7925)	-0.0005** (-2.6634)	-0.0002** (-2.6503)	0.0071** (2.6758)
RGDP	-0.0120** (-2.6812)	-0.0301** (-2.6453)	0.005* (1.6986)	0.17** (3.0112)	-0.0207** (3.1723)	-0.0186** (2.8365)	0.0325** (3.3621)	0.0769* (2.5342)
DW	1.58	1.57	1.43	1.41	1.61	1.58	1.43	1.58
调整后的 R	0.97	0.97	0.95	0.92	0.97	0.94	0.93	0.91

（续表）

	中部省份				东部省份			
FD_1	-0.0561** (-2.6601)	-0.0454** (2.8356)	-0.0353** (-2.0031)	-0.0213 (-0.7762)	-0.0736** (-2.6836)	-0.0412*** (-5.6813)	0.0012** (2.6805)	0.0621** (2.4867)
FD_2	0.1241** (3.0233)	0.0802*** (3.9576)	0.0511** (2.8665)	0.4407*** (4.7105)	0.0616** (2.5563)	0.0326** (2.3968)	-0.0221* (-2.8863)	0.05317 (1.2391)
D_{2002}	1.1321** (2.5563)	0.3917** (2.4731)	0.2632** (2.8546)	-0.1495** (-2.6847)	-0.0562** (-2.9413)	-0.0612** (-2.8546)	-0.0205*** (-2.5607)	-0.4907** (-2.6775)
D_{2003}	0.7126** (2.5361)	0.1571* (1.7985)	0.2501** (2.8764)	-0.1226** (-2.8647)	-0.1308** (-2.4839)	-0.1616*** (2.6559)	-0.0099* (1.8896)	-0.1416** (2.7668)
PGDP	-0.0031** (-2.8876)	-0.0023*** (-2.6138)	0.0014 (1.2480)	0.0025 (0.9986)	0.0014** (2.5946)	0.0013** (2.6674)	0.0022* (1.8897)	0.0055** (2.558)
PFR	0.007** (2.562)	0.0003** (2.6413)	0.0068** (3.0012)	0.0112** (2.6832)	0.0032** (2.4657)	0.002 (1.2403)	-0.001 (0.9675)	-0.004** (-2.3687)
PFE	-0.007** (-2.4586)	-0.002** (2.6631)	0.0001*** (5.4867)	0.006** (2.8825)	-0.002** (-2.6538)	-0.002** (-2.9857)	0.001*** (5.7283)	0.003*** (6.3572)
RGDP	0.0210** (3.1897)	0.0290*** (4.6688)	0.0053 (1.2701)	0.0125** (2.9651)	0.0253* (2.6685)	-0.0215* (2.2735)	0.0334** (3.2876)	0.0552** (3.2038)
DW	1.54	1.51	1.61	1.52	1.44	1.57	1.55	1.58
调整后的R	0.94	0.92	0.899	0.88	0.90	0.94	0.91	0.96

说明：*、**、***分别表示通过10%、5%及1%显著性检验，括号内为t值。

这说明 1994 年以来，我国的财政分权改革促进了政府对基本建设的投入，而减少了对小学、初中和高等院校的投入。在实际的支出中，财政分权的程度每增加一单位，地方政府对基本建设投资的边际贡献系数就会增加 0.1072 个单位，而对小学、初中和大学的边际贡献则分别下降 0.0211、0.0213 和 0.0153 个单位。这与 Keen 和 Marchand 关于政府支出的构成经常处于无效率的状态相一致。Keen 和 Marchand 曾经以资本自由流动、劳动力不可流动为假设，论证了政府公共支出对有利于居民福利产品的提供偏少，而对有利于经济发展的公共投入则提供过多。此外，Keen 和 Marchand 还从居民福利最大化的角度出发，认为这种财政支出存在的扭曲降低了居民的整体福利水平[1]，从而也说明政府对于居民福利的"攫取"行为。

从教育内部来看，财政分权对义务教育支出的挤占程度要高于对高等教育支出的挤占，这也与我国政府教育支出中存在的结构偏差相一致。长期以来，中央政府和各地区政府在教育支出领域中一直以中、高等教育支出为重点，而将义务教育的支出责任层层下放到基层政府。这也正是导致义务教育支出规模不足和区域差距拉大的又一结构性因素。由于义务教育的人力资本投资的周期性长，收益慢，且具有较高的溢出效应，致使各级政府在教育投资时重点考虑的是短期效应，造成了经费投入的"倒金字塔"形结构，这也正是制约我国劳动力素质提高的根本性原因。另外，财政分权对于高等院校经费有所挤占，只是说明地方政府因财力有限而对用于提高地方高等教育经费的比例进行压缩，但这并不意味着政府用于高校经费的绝对减少。再加上高校隶属关系层次的高低也决定着高等院校间经费使用的不平衡性，部属院校得到中央政府及部级财政支持较多，而对省级院校及其他院校的挤出作用明显。

（2）财政分权对东、中、西部地区教育及公共支出结构的影响

从财政分权对三大区域的影响来看，收入分权和支出分权对于各地区的影响存在着极大的差别。

① 财政分权对西部地区的影响

从表 4.1 中可以看出，收入分权对西部地区公共支出结构的影响没有通过检

---

[1] Keen,M.and M.Marchand,Fiscal competition and the pattern of public spending. Journal of Public Economics ,1997(66): 33~53.

验，并且系数较小，因此将该指标删除掉。该指标没有通过检验，从某种程度上可以说明 1994 年国家实行财政分权后，西部地区的经济发展及财政收入能力相对有限，其教育及公共支出很大程度上依靠国家的财政转移支付。因而收入的变化对其公共投入影响相对较小。这也正好验证了国家对西部地区大开发中的基础建设投资的发展轨迹。

支出分权对于西部地区的义务教育和高等教育的影响为负（分别为 –0.0317、–0.0281、–0.0132），对于基本建设的影响为正（0.2302），说明在以 GDP 为官员绩效考核的体系中，地方政府间"标尺竞争（Yardstick Competition）"的导向使得西部地区政府产生了通过挤占公共教育支出经费去发展基本建设的短期趋利行为[1]，而对教育，尤其是义务教育却没有给予更多的支持，属于典型的"攫取之手"。另外，从分权对教育内部挤占的影响强度看，对小学、初中到大学的边际影响系数依次减弱，这也说明地方政府在教育内部支出过程中也存在着轻义务教育、重高等教育的结构偏差。

②财政分权对中部地区的影响

在中部地区，收入分权无论是对教育还是基本建设，其作用都是负面影响，并且影响的强度从小学、初中、大学到基本建设依次逐步减小其系数分别为 –0.0561、–0.0454、–0.0353 和 –0.0213。中部地方政府在财政收入增加的同时而不考虑增加对教育和基建的投资，这说明中部地区政府财政能力的有限以及对发展区域公共产品需求的迫切。另外，我们也可以给出另一种解释，就是当"异质"性地方政府间竞争时，会出现一种极端类似于自暴自弃的现象：即类似于 Cai 和 Treisman 就此曾经描述了这样一种竞争倒退机制：政府间竞争时，如果禀赋差距过大，弱势地区会放弃竞争，转而破罐子破摔[2]。中部地区近些年来经济、社会发展缓慢，基本建设落后，逐步成为我国经济地理区域中的一个"塌陷"地区。因

---

[1]　标尺竞争的本意是对应于"对下负责"的一种政治体制。基于普通居民和上级政府处于对地方政府行为监控的劣势地位，选民会以其他地方政府的行为作为来参考评价自己所在地区的政府行为。而地方官员也会效仿其他地方的相关政策（Basley and Case, 1995; Baicker, 2005）来满足本辖区选民的需要。从而形成一种自下而上的标尺竞争现象：同级政府之间的相互监督、学习，以便提高政府部门的运作效率，节约行政管理成本和防止滥用权力（Martinez-Vazquez and McNab, 2003）。然而，我国的政治体制特点是中央集权，实行的是地方政府对上负责，而非对下负责。于是，以 GDP 为核心的政府官员政绩考核机制，激励地方官员为了更大可能获取升迁的机会（Li and Zhou, 2005）而展开对 GDP 排名的追逐，从而形成了一种"自上而下的标尺竞争"（张晏，2005）。

[2]　转引自傅勇、张晏：《中国式分权与财政支出结构偏向》，2006 年经济学年会论文。

此，"中部地区崛起"开发战略的提出尤为必要。

支出分权对中部地区教育和基本建设的影响都为正值，但对基本建设的推动强度更大，其贡献系数分别为小学、初中和高等教育系数的 3 倍、5 倍、8 倍之多。说明中部地区政府的"援助之手"在实际支出中不仅注意到了基本建设的投入，而且对居民的社会福利也有很大的投入。但相对而言，中部地区更加注重对能够给经济增长带来巨大帮助的基础设施的投入。另外，在教育内部的投入中，中部地区更加注重了对小学和初中的投入，其次是大学的投入。说明国家的义务教育政策对于中部地区的影响更加积极有效，中部地区对于国家的政策落实更加坚决。

值得注意的是，中部地区的收入分权和支出分权对公共支出影响的系数符号相反，这种令人费解的结果可能是由于我国的财政体制中存在着大量的预算外收入，而这些财政预算外收入的主要支出项目是用于行政开销、公路建设以及城市基础设施建设等基本建设支出。所以，中部地区可以通过预算外收入和支出来促进基本建设、教育的投入。2004 年，平新乔在《中国地方财政支出规模的膨胀趋势与公共管理成本》报告中指出：地方政府由卖地和行政性收费为主的收入在 2004 年就分别达到 6150 亿和 4323 亿元 [1]。地方政府收入的狂涨，尤其是预算外非法小金库的膨胀，对于基本建设的投入是显而易见的。因此，单纯地从财政收入分权不足以把握政府对于基本建设投入的偏爱。另外，财政支出分权对于教育投入的促进作用与中部地区接受中央政府的专项转移支付的约束也不无关系。

③财政分权对东部地区的影响

收入分权对于东部地区义务教育（系数分别为 –0.0736、–0.0412）和高等教育的边际影响系数（0.0012）与基本建设（0.0621）的影响系数相反。说明收入分权对于东部地区的高等教育和基本建设起到了推动作用，而对义务教育则有抑制作用。另外，东部地区在教育内部的支出结构中，十分注重对高等教育的投入，因为只有人力资本的快速积累才能快速完成经济结构调整，并能为经济的进一步发展奠定基础，而相对于收效漫长的义务教育而言，收入分权对其促进作用却相反。

财政支出分权对于东部地区的影响与收入分权的结果有很大的反差。在小学

---

[1] 平新乔:《中国地方财政支出规模的膨胀趋势与公共管理成本》,转引自定军:《地方政府没有"哭穷"的理由》,《21 世纪经济报道》2006 年 11 月 1 日。

和初中的投入上，支出分权表现出积极的影响，并且对小学影响的强度要高于初级中学，而对于高等教育的影响为负。说明东部地区在教育支出中开始重视教育内部支出结构的完善，逐步开始注重义务教育而弱化在高等教育支出中的比重。说明随着经济的快速发展以及人才吸引竞争的日趋激烈，东部地区政府在参与经济竞争的同时，开始重视社会发展环境和社会福利的建设，逐步注重产业结构和人才结构的匹配。另外，东部地区的支出分权对基本建设投入的影响不显著，系数没有通过检验。可以认为，东部地区在经过多年的基本建设投资后，其经济发展实力和社会环境得到不断完善，政府对居民福利建设开始伸出"援助之手"。

虽然收入分权和支出分权两种指标对公共投入的影响会出现不同的结果，其原因是由于我国财政预算软约束和预算外财政收入与支出所致。但由于各地公共产品的投入最终要以政府支出为准，因而，支出分权对公共支出的影响更能说明财政分权的真实影响。

2．国家政策的调整对政府支出结构和义务教育投入的影响

（1）所得税改革的影响

2002 年 1 月 1 日起实行的所得税收入（内、外资企业所得税与个人所得税）分享体制改革以及 2003 年有关具体分享比例的修改，其本意是用此增加的财政收入用于对地方建设，消减贫富差距，特别是通过加大对中西部地区的转移支付来推动该地区经济发展，促使我国区域经济协调发展和经济结构合理调整。但是，这项政策在具体的执行过程中由于政府间的复杂关系而出现了偏差，从而导致税收改革给各级政府财政的收入与支出结构带来不同程度的影响。

① 表 4.1 显示，在全国范围内，2002 年的分享收入改革使得地方政府在义务教育支出中表现出积极的影响：对小学边际贡献系数为 0.3801，对初级中学的边际贡献系数为 0.2103，而对大学的教育影响则为 0.1931。2003 年税收比例的修改对于教育的影响没有 2002 年的初次改革所带来的影响强度大（毕竟此次改革只是在 2002 年改革的基础上提高了中央利益分享的 10%，相对 2002 年的 50% 的比例而言，其对教育的影响比 2002 年小也就不足为奇了），其对小学、初中和高等教育的边际影响系数分别为 0.2132、0.1162 和 0.0708。说明财政集权过程中的转移支付制度有效地支援了西部地区教育的发展，尤其是对义务教育的促进作用更大。对于基本建设而言，2002 年的所得税分享改革对其所起的作用与教

育相反，其边际系数为 –0.3624。2003 年这个比重进一步加大为 –0.3002。上述结果表明，中央财政税收所得通过具有特殊目的转移支付可以有效地控制资源的分布，有效减缓了财政分权和经济竞争条件下地方政府在公共支出结构中存在的扭曲现象。

②两次所得税改革对东、中、西部地区公共支出结构的影响有明显不同。

对于西部来说，2002 年、2003 年的两次改革对小学、初级中学、大学、基本建设的边际影响率分别为 0.7863（0.2621）、0.33105（0.1804）、0.2521（0.1291）和 –1.7305（–0.9101），其影响效果大都明显强于全国平均水平。另外，高等院校的投入也受惠于 2003 年的改革，虽然效果的强度不及义务教育，但对西部人力资本的培养仍具有一定的现实意义。对于基本建设而言，两次改革的影响最为显著，其边际贡献率是全国基本建设贡献系数的 2 倍。说明西部地区教育等公共投入方面得到了国家财政的有效补贴，有力地缓解了地方政府自身支出结构的扭曲所带来的不良影响。从另一种角度也正好说明了国家在对某种公共产品的供给时，实行一定程度的财政集权将有利于它的供给。当然，这种集权的背后需要有特殊目的财政手段进行配套。

对中部省份来说，2002 年的税收改革无论对小学、初级中学还是高等院校都发挥了明显的促进作用。尤其是对小学的推动效果更为显著，其边际贡献率高达 113%。对于基本建设来说，税收改革对其有很明显的抑制作用，边际影响系数为 –15%。说明实行财政集权后，当地政府财政收入的减少对于基本建设的影响比较大。2003 年的改革对于小学和初中的作用影响明显减小，说明经过 2002 年的改革后，收入所得税对教育促进的潜力已经被充分挖掘出来，在此基础上中央政府多增加的 10% 的分享比例对于中部省份的义务教育的作用不大。而对于高等教育而言，两次改革都直接的促进作用，虽然被促进的作用不及义务教育。对于基本建设而言，两次分税制对于对其发展都有抑制作用，说明地方的基本建设投资对地方财政收入的高度敏感性和依赖性，也说明中部地区省份的基础建设依然处于落后的阶段，主要依赖地方政府的财政支出而得到发展。

对于东部省份而言，2002 年的所得税改革对于义务教育和基本建设投入影响与中西部一致，即税改对义务教育的边际贡献系数为正，对基本建设的影响为负。值得注意的是，2002 年、2003 年的改革对于高等院校而言，其作用与中西部地区相反，说明东部地区的高等教育产业在多年积累和发展的基础上，开始发生教育支出重点的转移，开始注重义务教育的投入。这或许也说明了东部地区为了吸引和留住人才、促进本地区发展，为改善人才的家庭生活环境而更加重视基础教育的，毕竟吸引人才比培养人才的成本更低、周期更短。两次改革对东部地区的基本建设投入带来一定的压缩限制，说明在东部省份产业结构日趋合理、经济较为发达的进程中单纯依靠基本建设支出来拉动经济的发展并非理性的选择。因此，分税制改革虽然减少了东部地区的经济利益，但会促使整个社会发展的均衡，对东部本身来说也会促进其更加注重社会福利建设。

（2）西部大开发政策对公共支出结构和教育的影响

从表4.1中的数据可以看出，国家自2000年起对西部省区市实施的西部大开发战略对其教育和基本建设的投资都有积极的促进作用。在对各项公共支出的影响中，大开发战略对基本建设的贡献最大，其次是小学义务教育、初中教育，最后是高等教育。其边际贡献系数分别为：4.3513、0.3721、0.2019、0.1505。

根据《国务院关于实施西部大开发若干政策措施的通知》（国发〔2000〕33号）制定的西部大开发若干政策措施的实施意见，要提高中央财政性建设资金包括中央基本建设投资资金、建设国债资金用于西部地区的比例。优先安排水利、交通、管道、电信等基础设施建设，生态环境建设以及特色农业发展、能源、矿产资源开发和利用等建设项目。据铁道部预测，西部地区年底可完成基本建设投资596.6亿元，在水利基建项目中，中央投资100.98亿元[1]。而在义务教育方面的投入相对基本建设而言则较少，2005年，中央对西部地区实施了农村义务教育阶段免收学费、教科书费和贫困寄宿生给予生活补助的"两免一补"政策，中央和西部地区共投入资金70亿元。

由此可以看出，西部大开发战略主要是针对西部地区的基础设施建设投资的，这也从某种程度上缓解了西部地区经济、社会发展中存在的资金紧张问题，给西部地区的发展带来前所未有的发展前景。另外，综合2002年、2003年两次税费制改革，西部大开发更重基础设施，而税费改革更注重福利建设。

---

[1] 许红洲：《西部大开发迈出新步伐》，《经济日报》2006年12月3日。

（3）经济因素对政府支出结构和教育投入的影响

政府支出的规模与结构不仅受到国家有关政策和体制的影响，其他经济因素的影响也十分重要。本研究着重考察了人均国民生产总值（PGDP），人均财政收入（PFR）和国民生产总值的增长速率（RGD）等经济因素对政府教育支出结构的影响。

① 人均国民生产总值对公共支出结构的影响

通过对检验分析，发现国民生产总值对公共支出的构成有着微弱的影响。从全国的范围来看，其对小学义务教育、初级中学义务教育、高等教育和基本建设投资影响系数分别是 –0.0015、–0.0021、0.005 和 0.0066。虽然人均GDP的影响微弱，但也说明了经济的发展整体上促进了基本建设和高等院校的支出。另外，人均国民生产总值对义务教育支出存在着负面影响的关系。这与乔宝云的"经济增长与教育公共服务供给呈反向替代关系"相一致[1]。说明国家的教育经费的增加并未和经济发展同步，义务教育没有得到应有的重视。

从分区域的情况来看，人均国民生产总值对西部地区的义务教育、高等教育和基本建设的影响系数分别为 0.0016、–0.0011、0.0062 和 0.0263，这与拉蒂·拉姆（Rati Ram）的观点不同。拉蒂·拉姆在研究政府教育支出与人均国民生产总值的关系时并没有发现两者之间存在着显著的相关关系[2]，但本书却确认为西部地区的人均收入对小学、高等教育和基础设施的建设具有正面的推动作用。而对初中的支出却有着抑制作用，说明西部地区迫于义务教育法的压力下对没有劳动能力的小学学龄教育较为重视，而较为忽视具有一定劳动能力的初中的支持，这也是经济落后地区教育投资的一个特点，也是西部地区人均人力资本低下的重要原因。另外，高等教育和基本建设具有投资收益快的特点，因而随着人均收入的提高，政府的投资力度也会加大。对中部地区来说，人均收入的提高对教育和基建的作用影响系数分别为 –0.0031、–0.0023、0.0014、0.0025，尽管作用系数较小，对义务教育存在着反面影响，而对高等院校和基本建设的作用却是积极的；对于

---

[1]　乔宝云、范剑勇、冯兴元将财政分权理论应用于小学教育的案例分析之中，发现中国各级政府间的财政竞争会通过相应义务教育等外部性较强的准公共产品性质的财政支出来吸引外来资本，从而可能在总体上导致社会服务总供给减少，经济增长与教育公共服务供给呈反向替代关系。具体参见《中国的财政分权与小学义务教育》，《中国社会科学》2005年第6期。

[2]　Rati Ram,Public Educational Expenditures in Industrialized Countries : An Analytical Comparison ,1991:14.

东部地区而言，义务教育、高等教育和基本建设的贡献边际系数分别为：0.0014、0.0013、0.0022、0.0055。这说明了东部地区的经济发展对于人力资本的积累和基本建设都有促进作用。

需要说明的是，人均国民生产总值对公共支出结构的影响与对支出规模的影响不同。因此，对结构影响的不显著并不代表对支出规模的影响也不显著。另外，鉴于财政收支的水平与经济发展水平（人均国民生产总值）间的相关性，为了检验效果的明显，可以避开人均国民生产总值这个变量而直接考察财政收入对于公共支出构成的影响。

另外，本研究中的 PGDP^2 没有通过检验，没有发现傅勇、张晏所关于"经济发展和支出结构之间存在着一种 U 型曲线关系"的结论[1]。

② 人均财政收入 PFR 的影响

人均财政收入 PFR 对于不同地区支出结构有着不同的影响。从全国范围来看，人均财政收水平的提高更加有利于提高基本建设的投入而减少对教育的支出，尤其是对小学义务教育投入的减少更为显著。从表中 4.1 的数据可以看出，人均财政收入对与小学、初中、高等院校以及基本建设的投入边际影响系数分别为 –0.0003、–0.0001、–0.0001、0.002。

对西部地省份来说，人均财政收入对西部省份的影响与对全国影响的结果一致，即人均财政收入水平的提高会更加倾向于使得地方政府挤占教育的投入而增加基本建设的支出。由于西部地区基本建设设施的落后，影响到了西部地区的生活、生存质量和生态的平衡以及产业结构的升级，政府更加倾向于利用财政收入投资于基本建设，以解燃眉之急。

对中部省份而言，人均财政收入水平的提高会增大教育和基本建设的投入，但对后者的增加强度要高于前者。此外，在教育领域的投入结构中，人均财政收入的提高对小学的影响要大于对初中的影响，而大学的边际影响率基本与小学相等。这说明中部地区政府也十分重视基本建设的投资，在教育内部的结构中偏向

---

[1] 傅勇、张晏在《中国式分权与财政支出结构偏向》中认为经济发展和支出结构之间存在着一种 U 型曲线关系。在经济发展水平高的地方，地方政府将随着人均 GDP 的提高而增加对科教文卫支出比重、减少基本建设支出比重。并且认为存在着一个临界值，只有当经济发展水平超过相应的临界值后，人均 GDP 高的地方才会加大基本建设支出比重、降低科教文卫支出比重。参见傅勇、张晏：《中国式分权与财政支出结构偏向》，2006 年经济学年会论文。

于小学和高等教育的投入。

对于东部省份的影响。财政收入水平表现出的结果是对义务教育有利，而对于高等教育和基本建设的投入则起到抑制作用。这说明东部省份中的政府作用已经逐步退离应由市场参与的领域而转入事关社会发展的义务教育等公共产品中去，其经济增长的方式也逐步由粗放型转型到集约型的发展，而非依靠建设投资拉动经济的发展。

值得注意的是，收入分权和收入水平的提高有利于教育支出和抑制基本建设投入的结论只是从模型的运作分析来看。但在实际的政府支出结构中并非与此结论一致，因为地方政府还掌握着巨大的预算外资金。预算外资金的监督失效会导致政府公共资金配置效率恶化和结构偏差[1]。这种对于基本建设投资的狂热偏好是出于基础设施所具有的显著"追赶效应"的作用[2]，这正是以 GDP 为核心的政绩激励机制的实现途径。

③ 人均财政支出水平的影响

人均财政支出 PFE 对于全国教育等社会福利性的公共支出有抑制作用，对于关系改善投资环境的基本建设投入有积极的推动作用。其系数分别为 –0.0003、–0.0002、–0.0001、0.006。在分区的检验中，对东、中部地区的义务教育有抑制作用，对高等教育和基本建设有促进作用。对西部地区的影响与全国一致，即只对基本建设有促进作用。对于这种情况的解释依旧对中西部地区而言，一是出于财政能力的不足和基本设施的落后，二是出于政府在竞争过程中，偏离了预算约束和社会福利目标，将更大的财政投入基本建设和经济增长中去。东部地区是由于经济水平已经发展到足以满足基本的义务财政资金要求时，财政边际上的收入增加会引发基础设施投入的更大比例。

④ 经济增长速率的影响

经济增长速率 RGDP 对全国、中部地区和西部地区的高等教育和基本建设都有促进作用，而对于义务教育的支出却有抑制作用。说明我国及西部地区的整体福利建设还相对落后，政府将经济建设的结果反馈与拉动经济增长较快的因素，

---

[1] 平新乔、白洁：《中国财政分权与地方公共品的供给》，《财贸经济》2006 年。
[2] 张军、傅勇等：《中国基础设施的基础研究：分权竞争、政府治理与基础设施的投资决定》，http://www.cces. cn/cces/newstxt/107%BB%F9%B4%A1%C9%E8%CA%A9.pdf ,2007.1.21。

而相对忽视社会福利的支出。也进一步说明全国、中部及西部地区的经济增长主要依靠基本建设的投资拉动而获得，其基本建设也相对比较落后。经济增长速率对东部地区的各项支出影响系数均为正值，但对高等教育和基础建设的影响系数相对较大些，说明东部地区的社会福利开始受惠于经济发展的成果，公共支出的结构较为合理。也说明东部地区的经济发展逐步摆脱依靠基本建设投资拉动的模式，产业结构进一步优化。

三、主要结论

本节通过分析财政分权体制、2002 年、2003 年两次分税制改革及西部大开发战略等宏观经济政策和各地经济指标对区域公共支出结构、教育投入的影响，发现各省义务教育支出的差异及公共支出结构的扭曲不仅与区域本身的经济、财政能力有关，而且还是政府间竞争结果的客观产物。

（一）政策体制对公共投入的影响

1. 财政分权整体上通过挤占教育经费促进了基本建设的投入，扭曲了公共支出结构。在分区的分析中，从西到东部地区的地方政府逐步表现出由"攫取之手"到"援助之手"的转变。

财政分权（以支出分权作为最终代表）对于全国的教育投入起到负面作用，而对基本建设则有积极的贡献。在教育内部，财政分权对义务教育支出的挤占程度要高于对高等教育支出的挤占。在分区的研究中，财政分权对西部义务教育和高等教育都有挤占效应，对于基本建设的影响为正。在中部地区，支出分权对于教育和基本建设都有促进作用。东部地区的财政分权对于小学和初中的投入影响都是积极的，对于高等教育的影响为负，而对于基本建设投入的影响不显著。由此说明，三大地区的政府对于居民的社会福利重视不同，表现出从"攫取"到"援助"的转变。

2. 两次所得税改革促进了教育投入，缓解了公共支出结构的扭曲。两次收入所得税改革有力地促进了全国义务教育的投入，抑制了基本建设投资过热，减缓了财政分权和经济竞争所导致的公共支出结构扭曲现象。从分区域的效果来看，两次分权对西部义务教育和基本建设的影响与全国一致，但强度更大。另外，对于高等院校的投入来说也有促进作用。两次改革对中部省份的小学、初中和高等院校都有明显的促进作用，尤其是对于小学的促进作用效果更为显著，而对于基本建设的影响与全国一致。对于东部省份，2002 年的所得税改革对于义务教育和基本建设投入的影响与中西部一致，但是对于高等院校的作用与中西部地区相反，起到抑制作用。

3. 西部大开发政策有力地促进了西部地区教育和基本建设投资。西部大开发政策实施以来，对义务教育、高等教育和基本建设都有积极的促进作用，作用的强度从基本建设、小学、高等教育到初中依次减小。

（二）经济因素对公共投入的影响

1. 人均 GDP 整体上抑制了义务教育发展，促进了高等教育和基本建设，而对各区域的影响有所不同。人均国民收入对于全国及各个地区的影响表现出很强的地理空间特征。从全国范围来看，人均 GDP 对义务教育起到了抑制作用，而对高等教育和基本建设的支出有促进作用，但影响的强度比较微弱。从分区域来看，没有发现人均国民生产总值对西部地区的公共支出之间存在着显著的相关关系。对于中部地区来说，人均 GDP 对中部地区的支出结构作用于全国一致，但其作用系数较小。对东部地区的义务教育、高等教育和基本建设都有促进作用，并且其强度依次加大。

2. 人均财政收入整体上通过挤占义务教育的投入而促进基本建设的发展，造成公共支出结构的扭曲，并且在各区域中的影响略有不同。

从全国范围来看，人均财政收入有利于提高基本建设的投入而减少了对教育的支出，尤其是对小学义务教育投入的抑制效果更大，这与收入分权的效果相一致。在西部地区，人均财政收入的影响与对全国的影响结果一致，使地方政府更加倾向于挤占教育投入，增加基本建设的支出。对于中部省份，人均财政收入水平的提高会增大教育和基本建设的投入，但对后者的增加强度要高于前者。此外，在教育内部的结构中，人均财政收入对小学、大学、初中的影响依次减小。财政收入对东部地区省份的影响是对义务教育有利，而对高等教育和基本建设的投入有抑制作用。

3．人均财政支出水平整体上抑制了教育的投入，增加了基本建设投入。

人均财政支出对于全国教育等社会福利性的公共支出有抑制作用，而对于能改善投资环境的基本建设投入有积极的推动作用。在分区的检验中，对东、中部地区的义务教育有抑制作用，对高等教育和基本建设有促进作用。对西部地区的影响与全国一致，即只对基本建设有促进作用。

4．经济增长速率整体上促进了基本建设和高等教育投资而抑制了义务教育的投入。

经济增长速率对全国、中部和西部地区的支出结构影响相同，即促进了基本建设和高等教育的投资，而对于义务教育则有抑制作用。说明我国整体、中部及西部地区目前的经济发展还是主要依靠基本建设的投资来拉动，政府对义务教育等关系社会福利领域的投资还没有引起足够重视。经济增长速率对东部地区各项支出结构的影响为正值，说明东部地区的经济发展逐步摆脱依靠基本建设投资拉动的模式，产业结构进一步优化，政府的支出结构也逐步合理。

第五章　财政分权与义务教育支出的效率评价

资源短缺是人类社会运行所面临的不争现实，任何一项社会经济制度的构建都面临着如何实现稀缺资源的有效率配置问题，各级政府在进行教育支出时也面临这一客观经济问题，因此如何评价政府的教育支出效率不仅关系如何高效利用和配置有限的教育资源，也关系政府的绩效管理和价值取向。本章将从效率的角度考察政府义务教育支出，并分析财政分权以及其他社会经济条件给教育经费使用效率所带来的影响。

第一节　效率理论内涵及判断标准

一、效率的一般界定及判断标准

（一）效率的一般界定

对于效率的理解，马克思在《政治经济学批判大纲》中以"价值"的形式进行了判断，认为是"价值是生产费用对效用的关系"，以"价值"来解决某种物品是否应该生产的问题，即这种物品的效用是否能抵偿生产费用的问题。只有在这个问题解决之后才谈得上运用价值来进行交换的问题[1]。

西方经济学中关于"效率"的说明以 20 世纪意大利经济学家 V . 帕累托提出"效率"概念最为经典,在经济学中被习惯地称之为帕累托效率。其概念所表达的含义是:对于某种经济资源的配置,如果不存在其他可行的方案,使得该经济中的所有个人至少和他们初始时情况一样好,而且至少有一个人的情况比初始时更好,那么,这个资源配置就是最优的,即最有效率的。

除了以上熟知的宏观效率概念外,许多学者还对效率进行了分解。

(二)效率的构成及判断标准

目前,经济学中通常把效率分为四种类型,具体包括:

1. 技术效率。技术效率反映的是在利用若干生产要素生产一定数量的产品时若不增加其中某些生产要素的数量,就不可能减少其他任何一种生产要素的状态,它是一种纯粹的物质概念,所注重的是从"技术"的角度考虑所有投入的要素是否得到充分利用,是否存在着浪费,而不在意其成本的高低。

2. 配置效率。配置效率反映的是在给定投入价格时企业以适当比例使用各项投入的能力,通常以"帕累托改进"、"帕累托最优"进行描述:如果能够改变某种资源配置方式,能使社会的福利或总效用水平提高,则改变后的资源配置效率会大于改变前的资源配置效率,这种情况也被称为资源配置的帕累托改进。当有限的社会经济资源同时满足商品市场、要素市场和产品组合的最优配置时,才能实现帕累托最优状态,此时社会福利和效用达到最大化。

帕累托效率只是一种理想状态的效率,在实际中很难使资源配置达到这种效率。由于配置效率没有统一的度量标准、无法量化而受到很大的局限,只能通过比较的方式来定性描述资源配置的有效程度,所以只具有理论上的意义[2]。

3. 制度效率。制度效率是指在一种约束机制下,参与者的最大化行为将导致产出的增加;而制度的非效率则是指参与者的最大化行为将不能导致产出的增加[3]。实际上,制度效率的最根本特征在于制度能够提供一组有关权利、责任和利

---

[1]《马克思恩格斯全集》第 1 卷,人民出版社 1956 年版。

[2] 裴红卫:《X- 效率:对国有企业效率的一种非主流解说》,《预测》2003 年第 4 期。

[3] 诺思:《经济史中的结构与变迁》,上海人民出版社 1994 年版。

益的规则，从而为人们的行为提供一定的规范，为人类的创造性活动和生产性活动提供广阔的空间，以最小的投入取得最大的产出，使生产、交换和消费实现帕累托最优。

（4）X效率。它是指经济单位（企业、家庭、国家）由于内部原因而没有充分利用现有资源或获得机会的一种状态，是一种组织或动机（低）效率，代表造成非配置（低）效率的一切因素，也就是"来源不明的非配置效率"。X效率的存在是因为：一是劳动合同不完整、信息不对称导致的不能监督。二是管理知识的投入并非市场交易所能得到，也非所有购买者均能平等地获得。三是生产函数不是完全确定或已知的。四是厂商并不总是处于竞争的环境中的（如竞争性企业在某些方面可能进行合作，也可能在一定程度上去仿效其他企业），所以投入和产出之间没有一个确定的关系[1]。

二、政府教育支出效率及构成

鉴于本研究主要分析的是政府教育支出，对其效率的评价围绕是否"满足公共需求"和"成本最小化"的原则进行，从可操作和度量的角度，可将政府支出效率分解为资源配置效率、技术效率和规模效率。

1. 资源配置效率。主要考察政府提供的各种教育经费是否完全满足受教育者的需求。政府作为义务教育的出资者，虽然不直接参与教育的直接"生产"活动，但是政府对教育投入的资金项目结构以及在不同地区、不同教育层次间资金分配会对教育的效率产生很大影响。这种效率评判就是根据受教育者对教育商品需求的满足程度来判断，如果满足程度高，就是有效率的，反之则是无效率或低效率的。由于满足程度的判断带有主观判断的因素，居民的偏好难以通过选票和政治程序在公共政策中实现自己的偏好，再加上利益集团、官僚（学校）的扩张等因素，政府教育投入的配置效率将会受到影响。

2. 技术效率。教育经费的技术效率反映的是一种纯粹的投入产出概念，是指利用若干生产要素（教育中的人、财、物，但最终都以财衡量）生产（培养）一定产品（学生）时的"量"的核算。各个学校因为经费投入量的不同，使得人

---

[1]　H.Leibenstein,Allocative Efficiency vs. "X Efficiency".AmericanEconomic Review，1966（3）：407.

均经费指标、生师比、教辅人员的数量、图书储藏量、教室面积等教育条件都会出现差距，因影响到投入产出的技术效率。

3. 规模效率。政府教育投入的规模效率是在配置效率和技术效率一定的前提下，教育资源和学生规模之间的投入产出关系，是对资源配置效率和技术效率的综合。在一定的生均经费标准下，当学生的数量和投入的经费（包括人、财、物）之间达到最优组合，就是处于规模效率有效状态。

本研究主要利用 DEA 数据包络线的方法，先从定量的角度分析技术效率、规模效率，然后根据各省在教育资源配置中存在的问题，再从定性的角度判断政府的配置效率来进一步深化对以上三种效率的研究。

第二节　我国政府义务教育支出的效率评价

目前对于效率的数量评价大都采用数据包络线的方法，下面将对这种方法作以简述。

一、DEA 数据包络线的方法与指标设计

（一）DEA 方法概述

DEA 是一种线形规划技术，是最常用的一种非参数前沿效率分析方法，最初由 Charnes，Cooper 和 Rhodes（简称 CCR 或 C^2R 模型，1978）提出，用于评价公共部门和非营利部门的效率。现在已经成为运筹学的一个新的分支。

DEA 模型假设有 n 个决策单元 (DMU)，每个决策单元 DMU_j 都有 m 种类型输入（表示对"资源"的耗费）以及 s 种类型输出（消耗"资源"之后表明"成效"的信息量）。用 x_{ij} 表示第 j 个决策单元对第 i 种类型输入的投入总量；y_{rj} 表示第 j 个部门对第 r 种类型输出的输出量；v_i 表示第 i 种类型输入的一种度量；u_r 表示对第 r 种类型输出的一种度量，并且

$$X_{ij} > 0, y_{rj} > 0, v_i > 0, u_r > 0, i=1,2,\cdots m; r=1,2, s; j=1,2,\cdots n$$

（以下相同）。

对于系数 v=（v_1, v_2, $\cdots v_m$）^{T} 和 u=（u_1, $u_2, \cdots u_m$）^{T}，每个 DMU 都有相应的评价指标数：

$$h_j = \sum_{i=1}^{n} u_r y_{rj} \bigg/ \sum_{j=1}^{m} v_i x_{ij}$$

可以适当地选取权系数 v 及 u，使其满足现在对第 j_0 个 DMU 进行效果评价（$1 \leq j_0 \leq n$），以权系数 v 和 u 为变量，以第 j 个 DMU 的效率指数为目标，以所有 DMU 的效率指数 $h_j \leq 1$ 为约束，构成如下最优化模型：

$$（C^2R）= \begin{cases} Max h_j = \sum_{i=1}^{n} u_r y_{rj_o} \bigg/ \sum_{j=1}^{m} v_i x_{ij_o} \\ s.t. \sum_{i=1}^{n} u_r y_{rj} \bigg/ \sum_{j=1}^{m} v_i x_{ij} \leq 1 \\ v = (v_1, v_2, \dots v_m)^T \geq 0 \\ u = (u_1, u_2, \dots u_m)^T \geq 0 \end{cases}$$

不难看出，利用上述模型来评价 DMU_{j_0} 是不是有效，是相对于其他所有 DMU 而言的。利用 Charnes–Cooper 变换，可以将上式转化为一个等价的线性规划问题。为此，令

$$t = \frac{1}{v^T x_O}, \bar{w} = tv, \mu = tu$$

则有：

$$（P）\begin{cases} Max h_o = \mu^T y_0 = V_P \\ s.t. \omega^T x_j - \mu^T \geq 0 \\ \omega^T x_0 \geq 1 \\ \omega \geq 0, \mu \geq 0 \end{cases}$$

线性规划（P）的对偶问题为：

$$
(D)\begin{cases}
Min\theta = V_D \\
s.t.\displaystyle\sum_{j=1}^{m} x_j y_j + s^- \leqslant \theta x_0 \\
\displaystyle\sum_{j=1}^{m} y_j \lambda_j - s^+ \geqslant y_0 \\
\lambda_j \geqslant 0, s^+ \geqslant 0, s^- \geqslant 0 \\
\theta \text{ 无约束}
\end{cases}
$$

为了用 CCR 模型进行有效性的评价，有如下定义：

定义 1：若线性规划（P）的最优值 $h \times j_0 = 1$，则称 $DMUj_0$ 为弱 DEA 有效。

定义 2：若线性规划（P）的最优解中存在 $X_0 > 0, L_0 > 0$，并且目标值 $h \times j_0 = 1, LTy_0 = 1$，则称 $DMUj_0$ 为 DEA 有效（CCR）。由上述定义可以看出，若 $DMUj_0$ 是 DEA 有效的，则它也是弱 DEA 有效的。应用中，常用线性规划（P）的对偶问题（D）进行求解计算。

Banker, Charnes, and Cooper 等人鉴于 CCR 模型的缺陷提出更加完备的 BCC 模型（Banker, Charnes, and Cooper 1984[1]；Coelli et al. 1998[2]）。当 CCR 模型在 CRS 情形下，衡量效率与实际情况不相符时，BCC 模型针对比缺失，改以较合理的 VRS 衡量效率。BCC 的模型设定如下：

$$
\text{Min}\quad H_j = \theta_j - \varepsilon\left(\sum_{r=1}^{s} S_{rj}^+ + \sum_{i=1}^{m} S_{rj}^-\right)
$$

[1] Banker, R.D., A. Charnes and W. W. Cooper, Some Models for Estimating Technical and Scale Inefficiencies in Data Envelopment Analysis, *Management Science*, 1984（30）：1078~1092.

[2] Coelli, Tim, D. S. Prasada Rao, and George E. Battese, An Introduction to Efficiency and Productivity Analysis Boston: Kluwer Academic Publishers, 1998.

$$\text{Subject to} \begin{cases} X_{ij}\theta_j - \sum_{j=1}^{n}\lambda_j X_{ij} - S_{ij}^- = 0 \\ \sum_{j=1}^{n}\lambda_j Y_{ij} - S_{rj}^+ = Y_{rj} \\ \sum_{j=1}^{n}\lambda_j = 1 \\ \lambda_j, S_r^+, S_i^- \geq 0 \\ i = 1,2,\cdots,m; r = 1,2,\cdots,s; j = 1,2,\cdots,n \end{cases}$$

BCC 模型可将整体效率分解为技术效率和规模效率两个部分，亦即总效率 =技术效率 × 规模效率，借助于两种效率的分析可了解到资源的非效率来源，并为配置效率提供技术支持。

（二）基于 DEA 效率分析的指标设计

根据以上所分析的数据包络线的分析原理，本研究将从微观角度分析教育的运行效率问题，也就是教育支出的技术效率。由于技术效率是一种纯粹投入产出的概念，而教育经济学把教育支出看做是一种生产性投资，也可通过计算投入和产出来分析其成本和效益。具体来说，对义务教育中学校投入的人力、财力和物力都是一种教育支出，按照市场经济的竞争原则，资本配置的唯一准则就是能否产生效益和产生多大的效益，因此，政府和教育行政部门在教育支出中预期获利性的目标就使得教育投资主体必须努力优化配置教育资源。

义务教育办学投入主要是人、财、物的投入。从物态的最初来源看，物的投入也是由"财"转换来的，而人的投入则需要相应的人员费用，如工资、福利等。若不考虑投入的人力所能创造的价值，而仅考虑人力本身的价值，那么人的投入本质上也是财的投入。归结起来，教育投入可以理解为教育资源（人、财、物等资源的总称）的投入，其中财力是人力和物力的货币表现。如果把投入教育活动的资源都表现为货币形式，那么教育投入可视为教育经费的投入。本研究在分析之中主要利用如下指标：

1. 教育投入方面：事业经费和基建经费，其中事业经费又包括人员经费和公用经费。在教育经费统计年鉴中以普通小学生均预算内经费、普通小学生均经费、初级中学生均预算内经费、初级中学生均经费等总量指标体现。鉴于生均预算内经费和生均经费的密切联系性，本研究的计算只利用实际支出的生均经费计算。另外，在消除历年价格因素的过程中，本研究以全国一般零售商品的价格指数作为平抑权数，这可能会忽略各地区的实际支出类别的实际价格因素，进而造成发达地区的支出效率会偏低些。因此纵向比较发达地区自身的效率变化更具有可比性。

2. 义务教育的产出：义务教育的产出一般是指具有一定听说读写能力的学生。义务教育的产出既可以带来一定的经济效益，也可以带来社会效益；既有为国家社会作出的贡献，又有参与社会服务获得的经济效益；既有可以直接计量的有形产出，又有难以直接计量的社会效益。因而，衡量任何学校工作好坏最根本的标准是看该学校所培养的人才数量和质量。但鉴于人才质量度量的困难和为了数据的可得性，本研究利用小学和初中的在校生数表述教育的产出，当然该指标忽略了学生个体的质量差异。

二、模型的结果与分析

我们采用 DEAP2.1 软件进行实证评估。表 5.1、表 5.2 为 2004 年全国普通小学和初级中学教育经费的 DEA 实证结果，其他年份的结果见附表。下面就 2004 年小学和初级中学教育经费的利用效率分别作一阐述。

1. 小学教育经费的使用效率

（1）纯技术效率的评估

从生均预算内经费的纯技术效率得分情况来看，2004 年全国 30 个省份（自治区、直辖市）中只有 3 个省份：安徽、河南、甘肃的教育投入的使用效率最为有效，其值都为 1，其他省份的纯技术效率均处于低效状态（值小于 1）。三大地区中的东部地区，纯效率表现较低的是北京的 0.886[1]；西部地区中最低的是内蒙

---

[1] 北京地区教育经费使用效率较低的原因是由于没有考虑到北京的物价水平和购买力因素。另外，也没有考虑学生的培养质量差异，而仅以生均经费作为投入变量的话，相对生均经费较低的省份来说北京的支出效率值较低。如果考虑到学生的质量，北京的效率值会有一定程度的提升。

表 5.1 分地区地方小学生均经费的效率得分

地区	技术效率	纯技术效率	规模效率	规模报酬	行政人员冗余	办公经费冗余	基建经费冗余
北京	0.886	0.924	0.959	irs	47	11.03	3.56
天津	0.891	0.908	0.981	irs	79	8.12	2.81
河北	0.913	0.918	0.995	drs	0	1.04	0.3
山西	0.917	0.917	1	irs	0	1.23	0.65
内蒙古	0.895	0.915	0.978	irs	46	1.81	1.31
辽宁	0.91	0.984	0.925	irs	57	3.11	1.21
吉林	0.89	0.981	0.907	irs	60	0.98	0.66
黑龙江	0.899	0.945	0.951	irs	45	1.68	0.96
上海	0.902	0.963	0.937	irs	68	14.62	3.99
江苏	0.922	0.923	0.999	drs	11	10.52	4.68
浙江	0.928	0.954	0.973	irs	0	5.87	4.87
安徽	1	1	1	-	0	0.64	0.32
福建	0.913	0.914	0.999	irs	0	0.98	0.86
江西	0.944	0.955	0.988	drs	0	0.67	4.57
山东	0.908	0.945	0.961	drs	10	1.88	0.62
河南	1	1	1	-	0	0	0
中部地区均值	0.935	0.955	0.977	-	14	0.78	0.55
湖北	0.936	0.970	0.965	irs	7	0.96	1.22
湖南	0.932	0.936	0.996	drs	0	0.12	0
广东	0.945	0.956	0.989	drs	50	8.63	5.55
广西	0.938	0.946	0.992	irs	49	1.32	2.54
海南	0.922	0.984	0.937	irs	20	1.11	0.87
重庆	0.937	0.972	0.964	irs	31	2.64	1.06
四川	0.943	0.955	0.987	drs	29	1.67	0.89
贵州	0.976	0.998	0.978	irs	0	0	0
云南	0.936	0.990	0.945	drs	0	0.11	0.23
西藏	0.975	1.000	0.975	irs	0	0.08	0
陕西	0.926	0.980	0.945	irs	12	0.52	0.43
甘肃	1	1	1	-	0	0	0
青海	0.935	0.989	0.945	irs	0	0	0
宁夏	0.969	1.000	0.969	drs	0	0	0
新疆	0.905	0.986	0.918	irs	31	0.96	0.35
东部地区均值	0.913	0.943	0.968	-	31.6	6.08	21.76
西部地区均值	0.95	0.987	0.963	-	16.5	0.76	0.56

古，其值为 0.895；中部地区中效率值较低的是吉林和黑龙江，其值分别为 0.891、0.899。就大区域而言，西部地区纯粹技术效率之平均值（0.951）略优于中部（0.935）和东部（0.913）。这说明西部地区的教育在投入有限的情况下，经费在使用过程中配置较为合理。而东部和中部地区在教育经费相对充足的情况下，使用效率却相对较低，存在着冗余现象，在不考虑学生质量的情况下效率相对较低。另外，学校作为政府机构的延伸，自身也有着与政府同质的扩张本性。"帕金森定律"证明，学校及教育行政部门作为公共物品的供给者、外部效应的消除者，本应具有财富再分配的功能。但是由于利益集团与政治结盟压力和财政诱惑等原因，可能导致政府（学校）的低效率的扩张[1]。据平新乔的报告显示，2004 年全国地方政府预算外财政收入中的行政事业收费、政府基金收入共计 4699.18 亿元，而其中的 3133.8 亿元直接作为"行政事业支出"花掉了[2]。现实中的义务教育中的择校费等乱收费行为的结果并没有为提高教学质量而努力，行政队伍的扩大及其经费的大幅提高本身就是一种无效或者低效的扩张。

从历史的角度分析（见附录：表 A1），自 1996 年以来，东、中、西部地区的纯技术效率处于一个逐步下滑的发展方向，如果不考虑学生质量的因素，则说明政府在对学校进行资本追加时由于缺乏科学的预算制度和严格的监督，只注重了教育经费的总量增加，致使经费在增加的同时效率却无法得到保证。这是由于信息的不对称和制度上的缺失，政府和学校、学校和教师没有建立起完全负责的代理机制，教育经费效率降低现象也不足为奇。

（2）规模效率的分析

在表 5.1 中，小学生均教育经费使用的规模效率最为有效省份是山西、安徽、河南和甘肃四个省份，其数值为 1，其他省份为低效状态，数值均小于 1。东部地区的规模效率均值为 0.968，中部地区为 0.977，西部地区为 0.971，中西部地区的规模效率高于东部地区，说明中西部地区的义务教育仍有大有潜力可挖，在保持学龄人口高入学率的同时，主抓辍学率偏高的现象，力求保持规模效率的提升。

---

[1] 帕金森定律是由英国历史学家、政治学帕金森（Cyril Northcote Parkinson, 1909 ~ ）于 1958 年提出的，它通过多年的调查研究，发现官僚体制低效率的本质，认为政府官员总是无事生非，彼此为对方找事干，这样他们就可以成倍地增加下属人员，也可以提高自己的威望。这一定律体现在管理机制上便形成行政命令的便捷性和权威性，最终是官僚们的利益和权力欲得到满足。因而，政府只要能增加税收，总要无限制地扩充官僚的行列。

[2] 定军：《地方政府没有理由哭穷》，《21 世纪经济报道》2006 年 11 月 1 日。

在规模报酬的分析中，可以发现河北、江苏、江西、山东、广东、湖南、云南、四川八个省份的规模效率处于规模递减阶段；安徽、河南和甘肃三个省份的规模报酬处于不变阶段；北京、天津、山西、内蒙古、辽宁、吉林、黑龙江、上海、浙江、福建、湖北、广西、海南、重庆、贵州、西藏、陕西、青海、宁夏、新疆20个省份处于规模报酬递增阶段。对于规模报酬递减的省份来说可以适当压缩或者调整支出的规模与结构就可以提高资金效率；对于规模报酬递增的省份来说扩大和调整投资结构与规模可以带来规模收益。另外，出现规模报酬递增和递减两种趋势的原因是：第一，我国几十年的计划生育政策使得人口结构中的小学学龄人口逐步减少，而国家教育政策和人事政策并未及时根据人口的需求作出调整，致使教育投入在规模效率上出现不同的结果。第二，现代经济社会的快速发展导致着人口流动进一步加强，贫困地区向富裕地区的流动、农村地区向城市地区的人口迁移十分频繁，继而出现的流动人口子女教育问题也会给各地区的教育规模带来双重影响；对迁出地而言，迁出人口会使得迁出地的教育规模萎缩，资源浪费；对迁入地而言，又会给迁入地的教育资源造成紧缺，规模扩大。第三，对于一些偏远地区而言，人口居住的分散和稀少也是造成教育支出规模收益递减的因素。以上三种因素共同制约这个地区的教育规模效率。

从历史的角度分析规模效率，可以发现东、中、西三大地区的效率得分都有上升的趋势，总体而言，中、西部的规模效率的提升幅度较大，而东部地区则相对较小（见附录：表A1）。另外，全国大部分省份的规模效率在2000年以前都保持着规模收益递增的趋势，其中安徽、河南的效率一直保持上升的趋势。而后，部分省份的规模收益开始减少，比如河北、贵州在2000年以后的效率转变较快。中、西部地区规模效率的提升幅度较大从侧面说明了中西部地区文化教育的落后，随着国家财政、教育的改革，西部地区的教育需求潜力被充分释放出来，当教育的供给与需求达到均衡时，各地区小学入学率的差距开始缩小。比如，我国1997年东、中、西部小学入学率分别为99.66%、99.16%、94.65%，东部地区比西部地区高出5个百分点，而到2004年时，东、中、西部的入学率分别达到99.69%、99.45%、97.94%，东部比西部高出1个多百分点。因此，入学率的提升和差距的缩小使得教育规模效率提升的空间开始降低。

（3）技术效率的分析。由于技术效率是纯技术效率与规模效率的乘积，因而，各省份经费使用的技术效率与以上分析相一致。

从表 5.1 中的结果来看，2004 年各省区市中，安徽、甘肃、河南的技术效率最为有效，其效率之为"1"，其他省份处于低效率状态。在低效率的省份中既有发达地区省市也包括中西部地区的省份，前者中以北京代表，或者以吉林和内蒙古两省区为代表，分别为 0.886、0.891 和 0.895。从东、中、西三大经济区域来看，西部地区的技术效率最高，其次是中部和东部，其效率得分分别为 0.951、0.935 和 0.913。说明越是经济发展落后、资金有限的地区，其教育经费的利用效率越高。因此，国家还需要加大对西部和中部地区的教育投入。

从历史的角度分析技术效率（见附表 5.4），自 1996 年以来东、中、西部地区的纯技术效率处于一个逐步下滑的发展趋势，这与纯技术效率的发展方向一致。

（4）教育经费使用的冗余分析。本研究将教育事业经费的投入量分为三类，并以这三类进行冗余分析，考察各地区的使用效率。首先是教师工资部分的个人收入，本研究以专业教师和行政人员的多少进行考察，这样避免了各地区工资标准的差异；二是公用部分支出，即办公经费的使用情况，本研究没有考虑各地物价和购买水平的差异，以全国零售商品的价格指数作为参照进行平抑；三是基建部分支出的差异。通过对各省区市的教育经费使用中存在冗余现象发现，2004 年小学行政人员冗余量最大的省份是天津市，其次是上海、吉林，其冗余分别为 79、68 和 60 个单位。对于办公经费的冗余，北京、上海、广东和江苏最高，分别为 11.03、14.62、8.63 和 10.52 个单位。而基建经费以江苏、浙江、广东和江西最高，分别为 4.68、4.87、5.55 和 4.57 个单位。以上三种经费冗余偏高的情况严重影响了经费的使用效率。出现这种问题的根源在于教育信息的不对称、监督信息成本高昂所致。各级政府和人大很难能够通过财政预算对教育执行过程中的冗余进行核对，从而造成了预算规模的扩大和资金项目配置的偏差。说明学校也具有与政府官僚一样的自我效用和规模膨胀的倾向。正如尼斯卡宁（W. Niskanen, 1973）指出的那样："有几个变量可能进入官僚的效用函数，它们是：薪水、公务津贴、公共声望、权力、庇护、机构的产出、变革的便利性以及管理机构的便利性。我认为，除最后两个变量外，所有变量都是机构总预算的正单调函数。"[1] 因此，加强教育资金

---

[1]　斯蒂格利茨：《公共经济学》，上海三联书店 1997 年版，第 393 页。

使用科目的科学配置、对学校机构编制精兵简政，合理配置经费，减少低效配置状态是扭转当今教育经费紧张而又存在着浪费现象的重要手段。

2. 初中教育经费利用效率的分析情况（见表 5.2）

（1）纯技术效率。2004 年全国 30 个省份（直辖市）的经费投入的效率值除河南省外都小于 1，说明全国的初中教育经费使用大都处于低效率状态。相对而言，山西、安徽、湖北和湖南的得分效率较高，其值分别为 0.998、0.996、0.997 和 0.996。东部地区中，北京、上海、广东和海南效率表现较低，分别为 0.805、0.811、0.845、0.855；西部地最低的是内蒙古、西藏和宁夏，其效率得分别为 0.889、0.845、0.879；中部地区省份中最低的是吉林的 0.899。

从分区的情况看，中部地区的纯粹技术效率平均值最高，其值为 0.967，高于东部的 0.893、西部的 0.919。说明中部地区的教育投入配置最为合理，而东部和西部地区在教育经费的使用存在着低效现象。

从历史的角度分析，自 1996 年以来东、中、西部地区的纯技术效率处于一个先"升"后"降"的发展轨迹（见附录：表 A2)。其原理同小学教育经费使用的纯技术效率。

（2）规模效率。通过表 5.2 的显示可知只有河南省的规模效率最优，其数值为 1。其他省区市的效率值均低于有效值 1，存在低效状态。东部地区中规模效率处于前三甲地位的是江苏、山东和广东，其数值分别为 0.976、0.961、0.981，天津的数值较低，仅为 0.863。中部地区中河南与安徽的分值最高，分别为 1 和 0.969。西部地区中的四川、陕西和新疆的规模效率最高，其值分别为 0.994、0.959 和 0.917。在分区域的情况中，中部地区的规模效率均值 0.942，略高于东部地区的均值 0.925、西部的均值 0.897。这也说明随着国家教育政策的调整，初中义务教育的普及得到了有效的保证，但西部地区的规模培养还有发展的空间。

从规模报酬递增的情况来看，除去河南省的规模报酬处于不变状态（已达最优状态），黑龙江和西藏的规模报酬处于递增阶段外，其他各省份都处于规模报酬递减阶段，这说明黑龙江和西藏地区的初中教育发展依旧有扩大规模招收的潜力，也暗示该地区教育的相对落后，普及义务教育的任务依然十分艰巨。

从历史的角度分析规模效率（见附录：表 A2），东、中、西三大地区的效率得分在 2000 年达到最高值，显示一种倒"U"形状态，即 1996~2000 年间多数

表 5.2 2004 年初中生均教育经费效率得分

地区	技术效率	纯技术效率	规模效率	规模报酬	行政人员冗余	办公经费冗余	基建经费冗余
北京	0.738	0.805	0.917	drs	25	14.05	6.73
天津	0.797	0.924	0.863	drs	20	9.47	4.35
河北	0.937	0.991	0.946	drs	8	12.04	2.31
山西	0.879	0.998	0.881	drs	2	20.58	3.21
内蒙古	0.817	0.889	0.919	drs	0	2.81	1.24
辽宁	0.839	0.923	0.909	drs	15	11.87	4.33
吉林	0.822	0.899	0.914	drs	7	15.92	3.12
黑龙江	0.934	0.989	0.944	irs	5	54.57	2.68
上海	0.746	0.811	0.920	drs	37	18.74	5.31
江苏	0.877	0.899	0.976	drs	16	16.31	1.26
浙江	0.800	0.865	0.925	drs	12	15.00	1.34
安徽	0.965	0.996	0.969	drs	6	10.62	0.63
福建	0.855	0.923	0.926	drs	8	24.28	0.88
江西	0.887	0.945	0.939	drs	7	8.69	0.32
山东	0.901	0.938	0.961	drs	11	11.75	1.07
河南	1	1	1	–	0	0	0
中部地区均值	0.911	0.967	0.942	–	5.43	22.84	1.71
湖北	0.946	0.997	0.949	drs	6	23.32	0.56
湖南	0.941	0.996	0.945	drs	5	26.15	1.46
广东	0.829	0.845	0.981	drs	11	69.23	2.68
广西	0.918	0.956	0.960	drs	6	19.56	0.69
海南	0.772	0.855	0.903	drs	7	3.52	0.21
重庆	0.809	0.878	0.921	drs	9	5.00	1.11
四川	0.926	0.932	0.994	drs	5	2.12	0.66
贵州	0.93	0.988	0.941	drs	4	25.42	1.03
云南	0.899	0.999	0.900	drs	0	6.32	0
西藏	0.77	0.845	0.911	irs	0	1.32	2.35
陕西	0.902	0.941	0.959	drs	3	17.44	0.68
甘肃	0.843	0.943	0.894	drs	6	14.73	1.16
青海	0.759	0.895	0.848	drs	3	3.65	0.66
宁夏	0.768	0.879	0.874	drs	4	1.28	0.45
新疆	0.818	0.892	0.917	drs	3	2.63	1.05
东部地区均值	0.826	0.893	0.925	–	15.45	16.93	2.77
西部地区均值	0.824	0.919	0.897	–	3.58	8.52	0.92

地区的规模效率处于递增阶段，2000 年后大部分省份的规模效益开始下降。该历史分值的变化归功于人口方面因素的影响，即我国初中学龄人口在 2000 年以后增长速度逐步缓慢。根据教育统计年鉴中的数据表明，1996 到 2000 年初中在校生人数平均增长率为 5.63%，2000 年到 2004 年间的平均增长率为 1.25%。

（3）技术效率的分析。从表 5.2 的结果来看，2004 年各省区市除河南省外都处于低效率状态。从东、中、西三大经济区域来看，中部地区的技术效率最高，其值为 0.911；其次是东部和西部，其效率得分分别为 0.826 和 0.824。东部地区中的北京、天津、上海和海南的效率分值较低，均低于 0.8；西部地区中的青海、宁夏和西藏三省区的分值最低，效率分值不足 0.8。

以上大部省份技术效率低下的原因主要是由于纯技术效率和规模效率引起的，而对不同地区来说这两种因素低下的原因也不尽相同。对于中西部地区来说，纯技术效率的低下是由于教育过程中师资力量薄弱造成的，而东部地区可能是由于教辅人员的超编以及生师比例配置不合理造成的。规模效率的低下对中西部地区来说，可能与人口的密度及居住环境有关；而东部地区是因为学龄人口减少的原因所致。从 2000 年之后，东部省份中除海南、广东两省的初中在校生人口数保持微弱的增长外，其他省份都有不同程度的下降。

（4）教育经费的冗余分析。在各省市教育经费的冗余分析中，北京、天津、辽宁、吉林、上海、浙江、重庆、广东几省市存在着较多的冗余，并大都属于东部地区，东、中、西部地区的冗余量依次减少，这也是中西部地区效率值高于东部地区的主要原因。具体而言，东部地区的行政人员、办公经费和基建经费的冗余量分别为 15.45、16.93 和 2.77 个单元；西部地区相应的指标分别为 3.58、8.52 和 0.92 个单元；中部地区分别为 5.43、22.84 和 1.71 个单元。另外，各地区中的办公经费冗余相对较多，也是各省效率低下的主要贡献因素。此外，落后地区教育经费冗余的原因可能是由于国家投资的重点扶持是在没有有效的监督和科学的预算情况下进行的，从而导致了经费的使用浪费，这些经费的冗余对各省份经费利用效率带来了负面影响。

三、结论

通过本节关于义务教育经费支出效率的分析，我们可以得到以下几点结论：

1. 全国义务教育经费支出效率存在着明显低效状态，且各省间效率值差距明显

通过 DEA 数据包络线的方法，可以发现义务教育经费的利用效率大都存在着低效状态，其中小学支出中除去河南、安徽与甘肃外其他都处于低效状态，初中教育除河南外其他省份都处于低效。另外，分区与分省的支出情况差距明显，中西部地区比东部地区的教育经费利用效率要高，冗余较少。其中西部地区小学阶段的经费利用效率值最高，中部地区的初中阶段利用效率最高。

2. 教育经费在总体投入规模不足的状态下，存在着冗余现象

教育经费冗余在东部地区省份最为明显，其次是少数中、西部地区省份。对东部地区来说，教育经费相对充足，但其冗余也较多，主要集中在办公经费和行政人员的配置上。中、西部地区中的冗余主要集中在那些接受国家专项补助的基建经费上，以及部分省份的办公经费。

3. 从历史的角度看，各省教育经费的使用效率大都经历了一个先升后降的发展趋势

三种效率指标的发展轨迹基本上符合一种倒"U"形曲线特征，转折点的时间发生在 2000~2001 年间。对于这种规律的解释是来自于规模效率和纯技术效率的影响。由于人口增长、迁移以及结构的变化，引发了学龄人口和在校人口的减少，进而导致规模效率低下。对于纯技术效率发生转变的理由是随着教育投入规模增长的同时，经费项目的使用结构存在的扭曲和浪费造成的。

第三节　财政分权对义务教育支出效率的影响

从本章第二节关于教育经费支出效率的分析可以看出，由于各省经济发展水平和社会条件的不同，教育经费的投入量和使用效率也存在着较大差异。整个国家的教育经费在总体规模不足的情况下还存在着冗余现象，即使是在同一个省份，也会同时出现总体经费紧张，但个别分项目支出大量浪费的现象。这种教育财政规划不合理的事实是政府部门管理不规范，还是相关制度缺失造成的政府支出偏差呢？

按照财政联邦主义者的观点来看，目前流行两种相互矛盾的观点：一种观点

认为政府间财政竞争有助于提高公共支出的效率和居民福利水平，并且 Letelier 也曾用实证研究发现财政分权明显地提高了教育投入的效率。然而，另一种观点确与此相悖，Eeckaut（1993），De Borger（1996）认为不同经济发展水平地区的财政支出效率会有所不同，收入高的地区会导致政府养闲人，以至于失去进一步控制成本的动力，公共支出的效率反而恶化[1]。郑新蓉（2000）也认为在我国特有的政治、经济体制下，教育领域中的制度功能、性质变异造成了教育支出效率低下[2]。针对以上相互矛盾的观点，本节将从财政分权的角度分析我国财政支出体制对教育资金利用效率的影响。

一、模型的设计和数据指标的选取

Leonardo、Letelier（2001）在分析财政分权对公共支出效率的影响时，曾经以财政分权作为自变量，效率得分作为因变量进行分析，本研究以此为借鉴以政府教育支出效率作为因变量，以财政分权及其他财政、税收政策作为自变量，构建线性模型[3]，以此考察影响效率的因素。模型如下：

$$EFF_{it} = \alpha\, FD_{it} + \beta\, D_{2002} + \chi\, D_{2003} + \delta\, T_{2000} + \mu$$

其中，EFF 表示小学和初中阶段义务教育支出的效率得分，FD 表示财政分权，以各省的人均财政支出占全国人均财政支出的比重进行衡量。D_{2002}、D_{2003}、T_{2000} 分别表示 2002 年、2003 年的财税改革（上文已经提到过）以及西部大开发战略。分别表示各个地区、时间。α、β、χ、δ 表示参数，μ 表示残差项。

数据的选取：财政分权指标依然采用支出分权作为财政分权的代表来分析对教育经费效率的影响，政策指标来自于第四章中有关指标，效率指标来自于本章中的技术效率指标。

二、模型的检验与分析

运用 Eviels 软件包进行面板数据分析，其固定效应的检验结果见表 5.3、表 5.4。

[1]　Eckaut, P. E., H. Tulkens, and M. Jamar (1993), "Cost Efficiency in Belgian Municipalities", pp.300~334, in Fried, F. O., C. A. K. Lovell, and S. S. Schmidt eds.) The Measurement of Productive Efficiency, Oxford University Press. De Borger,B and K.Kerstens(1996), Cost Efficiency of Belgian Local Governments : A Comparative Analysis of FDH , DEA , and Economet ric Approaches. Regional Science and Urban Economics,26,145~170.
[2]　郑新蓉：《公共教育的平等理念》，《教育研究与实践》2000 年第 1 期。
[3]　Letelier, L. Effect of Fiscal Decentralisation on the Efficiency of the Public Sector., The Cases of Education and Health, Conference Paper, 57th Congress of the International Institute of public Finance（IIPF）, A. Linz, 2001 : 27~30.

表 5.3　财政分权及其他政策对义务教育经费使用效率的影响

	全国		东部省份		中部省份		西部省份	
	小学	初中	小学	初中	小学	初中	小学	初中
FD	0.1271** (3.0920)	-0.0732** (-3.6213)	0.1457** (3.493)	-0.1733*** (-3.8206)	-0.2866*** (-6.1093)	-0.2079*** (-3.8183)	0.1546** (2.5015)	-0.0492** (-4.3342)
D_{2002}	3.4220** (4.3709)	-1.1532*** (-4.1673)	-5.0352*** (-4.419)	-0.9094* (-2.9713)	1.298** (2.6927)	-2.7214** (-4.7792)	1.3794** (4.9563)	-1.3153** (-3.663)
D_{2003}	2.1034** (3.3702)	-0.6446** (-3.8523)	-5.3456** (-3.3122)	-1.2741*** (-8.7392)	0.826** (3.1396)	-2.3568** (-6.6726)	0.8006** (3.6536)	-0.9786*** (-3.5465)
T_{2000}							0.8464* (2.9575)	4.2571** (2.8893)
调整后的 R	0.91	0.94	0.89	0.91	0.87	0.95	0.92	0.89
DW	1.63	1.66	1.74	1.72	1.58	1.54	1.66	1.78

说明：*、**、*** 分别表示通过 10%、5% 及 1% 显著性检验，括号内 t 检验值。

（一）财政分权及其他政策对小学教育经费利用效率的影响

1. 财政分权总体上提高了小学教育经费的使用效率

从全国范围来看，财政分权对于小学教育支出经费的使用效率有积极的影响，边际贡献系数为 0.1271，说明财政分权的程度每提高一个单位，教育经费的利用效率就会提高 0.1271 个单位。从东、中、西部三大地区来看，财政分权对东部和西部地区的效率是有正向效果的，其边际系数分别为 0.1457、0.1546，而财政分权对中部教育经费的利用效率起到抑制作用，其边际系数为 -0.2866。

财政分权对不同地区教育经费使用效率的差异需要从技术效率的组成进行考察，即从纯技术效率和规模效率着手进行分析。由于财政分权体制对各地区的每种效率影响不同，进而会影响到总技术效率的结果。

（1）对东部发达省份来说，财政分权的改革带动了东部地区经济的快速发展，财政能力不断提高，这种经济上的优势和迫于中央教育政策的压力以及出自于招商引资、吸引人才的需要，东部地区教育支出的绝对规模得到不断提升（即使教育经费在公共结构中的比例增长不明显），再加上东部地区教育的规模收益处于规模报酬递增阶段等原因，财政分权对东部地区的支出规模越大，其规模效率也就越高，从而对技术效率的贡献是积极的。

（2）在西部地区，财政分权的积极影响主要来自于规模效率和纯技术效率两部分。由于西部地区经济发展缓慢，西部地区自身的财政收入相对有限，地方政府在教育资源配置时存在的冗余量较少，这对纯技术效率的提高大有帮助。另外，来自于规模效率的原因。由于西部地区教育发展落后，义务教育的入学率、普及率都相对较低，这对于提高规模效率还有一定的发展空间；再加上西部地区民族生育政策相对宽松，学龄人口比重也相对加大，致使西部地区的教育处于规模收益递增阶段。在中央政府教育政策的压力以及专项教育补助的激励下，西部地区教育规模效率得以提高，从而也说明了财政分权制度对西部地区小学教育经费的使用效率是积极的、有效的，西部地区义务教育规模的快速发展也是全国近年来教育成就的重要代表。

（3）财政分权对中部省份来说，其负面作用主要来自于规模效率的影响。由于中部地区经济发展缓慢，财政分权使得地方政府财政能力的提高受到限制，加上国家资助较少，中部地区的小学教育支出经费十分有限。当中部大部省份的规模仍旧处于规模收益递增阶段时，较少的投入会使得规模收益受到影响。故而财政分权对中部地区小学教育经费利用效率的作用是反向的，即使中部地区的纯技术效率和规模效率本身并不比东部地区低下。

2. 两次财税改革政策总体上促进了小学经费利用效率，但对分区的影响略有不同

从表5.3可以看出，2002年、2003年的两次税收改革对于全国小学教育经费利用效率的边际贡献系数分别为3.422和2.1034，说明国家税收改革的初衷——"促进中西部地区、贫困地区发展，缩小差距"得以实现。两次所得税改革从宏观上都促进了全国小学教育的发展。

但从分区的情况看，两次税改对东部地区的小学经费利用效率却有着负面的影响，其原因是分税制改革减少了东部地区的财政收入，进而影响到了教育财政的支出，导致教育规模效率的降低。当然这种分析只是基于理论上的税改影响，或者仅此一项影响东部地区财政收入的政策，而在实际中仍有很多影响东部地区财政收入和教育支出的因素，故而东部地区的财政收入和教育支出并未真正减少。

对于中部和西部地区，两次分税制改革使得两大地区的教育经费使用效率得到提高，尤其是对西部地区的影响更大。中央政府将分税制改革所取得的资金大都通过转移支付和专项补助用于中、西部地区的发展，当然也包括中西部地区的教育投入。所以，分税制改革对于教育规模报酬处于递增阶段中的西部地区来说，无疑是打下了良好的契机。

3. 西部大开发战略有力地促进了西部地区教育经费的使用效率

西部大开发政策的实施对西部地区省份教育经费的使用效率的边际影响系数为0.8464，说明西部大开发政策对于缓解西部地区教育经费的紧张局面起到了有效作用，并且有效地促进教育经费支出项目的优化，提高了教育经费的使用效率。

（二）财政分权及其他政策对初中教育经费利用效率的影响

1. 财政分权对初级中学教育经费的利用效率起到了抑制作用

从全国和分区的情况来看，财政分权对于各区影响的边际贡献系数分别为 –0.0732（全国）、–0.1733（东部）、–0.2079（中部）和 –0.0492（西部），意味着财政分权的程度每提高一个单位，教育经费的利用效率就会下降相应个单位。

这种影响的原因归结于规模效率和纯技术效率的降低。

（1）来自于规模效率下降的原因分析。随着国家人口数量的缓慢增长以及人口结构的转变，东部和中部地区大分部省份的在校生数量出现了不同程度的减少。虽然经济的发展和财政分权都促进了各省的教育投入规模，但由于教育的规模效率处于规模报酬递减阶段，造成支出越高，得到的边际规模报酬就越少，因而财政分权对效率的影响是负面的。虽然西部地区的在校生人口数大、处于规模增长阶段，但2000年后，其增长的速率明显放慢，甚至处于稳定阶段。并且其规模效率在2000年以后也处于规模报酬递减阶段，与东中部相类似，财政分权制度虽然使得西部地区的教育经费总量、人均量得到有效提高，但并没有让其规模效率得到有效改善。

另外，对农村地区的义务教育来说，自从实行"地方负责、分级管理"的体制后，各地普遍实行县、乡（镇）、村三级办学模式，由于自然村布局的分散、班级人员名额不足的原因，致使乡镇办学的规模难以形成一定的教学效率能力，师资、设施得不到充分的使用，办学的规模效益无从谈起。此外，农村中小学生辍学、留级现象的大量存在也影响到了教育规模效率的提高。据有关统计，1998年全国初中在校生辍学率3.23%，达167万人，比1997年上升0.09个百分点。农村辍学率为4.2%，高于全国平均水平0.97个百分点，甚至某些地方农村的辍学率高达10%以上[1]。另据2004年中央党校"中国农村九年义务教育调查课题组"对我国16个省、自治区、直辖市的调查研究发现，我国农村地区中小学生的辍学率远远高于"普九"所规定的3%的数字，在很多地方竟达到了6%以上，一些农村学校不惜采取造假的办法来完成"普九"任务。所有这些关于辍学以及留级的现象都会影响到教育经费的使用效率。因而，分权程度越高，经费若得不到有效监督，财政分权对教育经费使用效率的负面影响越大。

（2）来自于教育经费的纯技术效率的影响分析。从全国以及各省来看，纯技术效率分值一般都低于规模效率的分值，其原因是由于经费的配置存在着结构偏差，即人员经费、公用经费和基建费的不协调。在事业经费中，由于相关部门并

---

[1] 《中国青年报》1999年12月25日。转引自杨东平：《对我国教育公平问题的认识和思考》，《教育发展研究》2000年第8期。

未随着生源的下降而缩减教师和教辅人员编制，致使人员经费存在冗余和浪费。据周晓红研究发现，中小学教职工与学生比逐年下降，学校机构臃肿，超编现象严重，占用了大量的人员经费开支，教育经费因冗员过多而造成的浪费是惊人的[1]。此外，城市与乡村的办公经费也存在着很大的差距，二元经济的投资思维模式使得城市成为政府教育投入的重点，公用经费和基建经费相对充足，而农村学校则只能维系人员经费的事业开支。城乡经费的差距也是政府教育资源配置效率和纯技术效率低下的原因。

以上财政分权对纯技术效率和规模效率的负面影响最终表现在对技术效率反向关系上，从而也支持了郑新蓉的观点，即制度功能及性质的变异造成了教育支出效率低下，而 Letelier 的"财政分权可以明显提高教育投入的效率的观点"在我国初中的经费使用中则无法得到证实。从而也进一步说明了我国目前的财政分权模式和政府管理模式难以保证义务教育投入的充足，也难以优化教育资源的配置效率和生产效率。如果不注重教育财政政策机制的科学设计，即使在经费充足的情况下也难以满足社会发展目标。

2. 两次财税改革政策对初中经费利用效率有着负面影响

从表 5.3 可以看出，2002 年、2003 年的两次税收改革对于全国和三大区域初中教育经费的利用效率来说都有着负面的影响，其边际贡献系数分别为 −1.1532、−0.6446（全国）；−0.9094、−1.2741（东部）；−2.7214、−2.3568（中部）；−1.3153、−0.9786（西部）。这种情况表明中央政府的税收改革虽然从总量上促进了义务教育经费的增长，但从教育经费的微观配置领域的分类使用中，却没有实现效率的提高，没有实现由"量"到"质"的转变。因此，除了注重设计促进教育经费投入增长的激励机制外，对于教育经费的内部配置和监督机制的规划同样重要。

3. 西部大开发战略促进了西部地区初中教育经费使用效率的提高

西部大开发政策对西部地区初中教育经费的使用影响系数为 4.2571，说明了西部大开发政策对于缓解西部地区的教育经费紧张、促进经费支出项目的合理化方面起到了重要作用。根据《国务院关于实施西部大开发若干政策措施的通知》（国发［2000］33 号），国务院在制定了西部大开发若干政策措施的实施意见时，

---

[1] 周晓红：《我国义务教育投资的问题与出路》，《现代中小学教育》1995 年第 2 期。

主张安排专项资金用于支持西部地区发展义务教育，尤其是安排农村中小学危房改造资金。"国家贫困地区义务教育工程"的实施，有力地推动了西部地区教育规模的扩展以及结构的优化，提高了教育经费的使用效率。

三、结论

通过以上财政分权等体制对义务教育经费利用效率的实证分析，得到如下基本结论：

1. 财政分权从总体上有利于小学教育经费利用效率的提高，而不利于初中教育经费的提高。对于小学经费的利用效率而言，财政分权有力地促进了全国、东部和西部地区经费使用的效率，但对中部地区经费的利用则起到抑制作用；对于初中教育经费的利用效率而言，财政分权无论对全国还是对于三大区域的教育经费利用效率都起着抑制作用，也就是说，财政分权程度越高，教育经费的使用效率越差。

2. 2002年、2003年两次分税制改革对于小学教育经费使用效率的影响从全国范围来讲是有利的，对中、西部地区的利用效率是积极的，但是对于东部地区的作用却是相反的；在初中经费利用的效率上，两次税收改革对全国和各地区都起到反向作用，也就是说，两次税收分权并没有对初中教育经费的利用效率带来提高。

3. 西部大开发战略的实施对于小学和初中教育经费的利用效率都是有帮助的，即有效地提高了教育经费的利用效率。

第六章　教育财政转移支付与义务教育均衡发展

　　由于财政分权体制下各级政府财力、财权和事权的不匹配，以及现行教育政策上的偏差，使得各省义务教育发展的差距越来越大，这种现象的产生与公共财政的均衡原则发生了背离，不利于国家的和谐发展。因此，中央政府必须通过制定相关政策法规来弥补区域间教育财政的差距。虽然近些年中央一直致力于各省的义务教育专项补助，为增进义务教育的公平与效率而努力，但由于补助的规模过小，且多为一次性或临时性项目，再加上制度本身设计得不规范，补助资金使用过程中缺乏监督等原因，义务教育专项补助的作用不能得到充分发挥，因而，建立规范的义务教育转移支付制度迫在眉睫。

第一节　转移支付的一般界定

一、转移支付的定义、目标和原则

（一）转移支付的定义

　　转移支付的概念具有多种表述，其中以联合国《1990年国民帐户制度修订案》的表述最具有代表性。该《修订案》将转移支付定义为：货币资金、商品、服务或金融资产的所有权由一方向另一方的无偿转移，转移的对象可以是现金，也可以是实物。该定义具有双重含义：首先，它强调了转移支付的无偿性，是所有权由一方向另一方的无偿转移；其次，转移支付是所有权的转移，因此，公民向政府缴纳的税收也可以看做是纳税人依法向政府所作的强制性转移支付。根据转移支付的概念，政府间财政转移支付（以下简称转移支付）可以认定为各级政府之间的财政资金、资产或服务由一个政府向另一个政府无偿转移[1]。

与此相对应，义务教育的财政转移支付是指上级政府根据下级政府在为本辖区提供义务教育时所出现的财政缺口而进行的财政补助，是上级政府给予下级政府的专门用于义务教育发展的财政补贴。其目的是为了解决地区间义务教育财政的不平衡，追求义务教育的公平和效益，促进教育的均衡发展。

（二）转移支付的目标

根据转移支付的定义可知，它是一种财产权的无偿转移，教育的财政转移支付就应本着公平、效率的目标去努力，因此财政转移支付的具体目标为：

1. 确保政府间纵向财政能力的平衡

政府的职能、政府间的财政关系在不同的经济发展阶段会有所变动。在经济发展的初期阶段，公共部门的首要职责是增加基础设施的建设，维护基本生存需求的保障以及经济的稳定，这客观上要求实行财政集权，需要高级政府集财力、财权以及支出责任于一身。而此时地方政府、次级政府的财权和支出责任相对较小，财政差距不明显。随着经济的增长和城市化进程的发展，更多的公共支出职责如社区服务、水供给等需要转由地方政府来承担，这就会导致地方政府因受财力所限而无力提供充分水平的公共服务。当地方政府的收入不能保证其履行支出的需要时，就要求通过政府间的财政资金转移支付来弥补地方的财力，以保证各级政府都能顺利履行其职责。支出职责和收入能力间的缺口可通过两种途径予以弥补：第一是通过中央政府赋予地方政府更多的筹集收入的权力；第二是中央政府向地方政府转移支付，扩大地方的收入。因此，转移支付的目标就是平衡上下级政府的财政能力。

---

[1] 刘铭达：《我国各级政府间财政转移支付制度研究，各级政府间财政关系》，《国际经验评述》2006 年第 8 期。

2．确保政府间财政能力的均等化

均等化是政府间实行转移支付制度的又一考虑因素。由于各地区财力的横向不均衡，造成各地区政府提供的公共服务存在较大差异。在为相同的公共服务项目上，地区之间的服务水平和质量上因为财政能力的不同而存在较大差异，进而导致一些贫困地区的某些基本公共服务设施短缺，难以达到最低的公共服务标准。即使赋予地方政府更多的税收权限，扩大其财政收入，这种地区间的差异也不会因为财政收入的增加而减小，反而还会进一步扩大。这是因为各地区的经济发展水平不同，一味地增加税收反而会导致更多的贫困、腐败和公共服务水平上的差距。因此，要想在一个国家内实现地区间财政能力的均等，就必须进行转移支付。虽然均等化的努力并不一定意味着均等结果一定能够实现，但毕竟是通向均等化的一条理想途径。

3．弥补公共产品的外溢性

进行政府间转移支付的另一考虑因素是因弥补公共产品的外溢性而造成的损失。如果赋予地方政府自主决策的权力，将会导致地方政府对具有较大外溢性的公共产品供应不足。如果教育和健康服务项目由地方政府负担，地方政府在这些项目上的支出将达不到整个国家对其的需求，这在第二章关于公共产品的分层及其有效供给的分析中已有详细的论述。为此，修正空间外溢要求一套不封顶的配套转移支付资金以鼓励地方政府加大这些项目上的支出。其中，配套率取决于外溢比率，即一个项目外溢的利益占全部受益的比率。在我国，目前对这方面考虑不多。

4．保障市场机制配置资源的顺利进行

进行转移支付除了出于维护公平和纠正外溢性的考虑之外，保障市场资源配置机制的顺利进行也十分必要。在没有矫正机制的情况下，因财政竞争而引发的税收竞争会使得劳动力和资源流入那些环境较好的地区，从而造成地区间的恶性竞争，扰乱市场竞争机制和资源配置功能，进而还会造成不公平等社会经济问题。通过转移支付不仅可以缩小各地区间在人均税收和人均公共支出方面的差距，还可以为促进效率和公平发挥积极作用。

（三）转移支付的原则

既然财政转移支付制度的目标是为了维护政府间财政能力的均衡，进而为维护公共产品的供给提供保障，为维护社会公平、资源的有效配置提供支持，那么财政转移支付制度就应本着科学、合理、公平的原则进行设计。具体而言：

1. 科学规范的原则

科学规范性是转移支付的功能得以发挥的前提条件。由于义务教育财政转移支付制度具有社会财富再分配的功能，涉及社会各阶层的利益，影响着整体的分配格局。因此，在既定的目标前提下，如何综合各种客观要素，设计一套科学的、合理的计算公式，使之既要适应现实的财政体制，满足教育发展的需求，又要使得转移支付受到标准化程序控制是教育转移支付制度设计的首要原则。目前，现行的教育转移支付制度大都属于"救急式"的临时补漏措施，没有从根本上解决教育经费短缺问题，没有有效起到维护社会公正的作用。因而，追求转移支付制度的科学性和规范性，就是要求转移支付制度的设计要以责任约束为基础，以利益约束为核心，以法律约束为保障；要求采用客观、公开的信息，力求援助的结果在最大限度上不受主观因素的影响，并且要真实、准确、完整、透明地反映义务教育财政转移支付资金的配置与管理。否则，不科学的财政转移支付制度，只会带来操作上的模糊性和助长转移支付对象不规范行为的发生。

2. 公平与效率的原则

从个人角度出发，市场经济条件下由于每个人拥有的经济资源和能力的不同，个人收入上存在的差距也显而易见。而教育是解决因经济资源缺乏、能力贫困而产生的社会分配不公平的有效办法，也是促进社会和谐发展的重要途径。现代经济理论认为教育，尤其是义务教育是实现社会公平的重要手段。教育对于公平的特殊作用表现为：教育为人们提供了获得技术的捷径，改变了人们的地位。世界银行1995年的一项调查表明，免费的小学与初中教育比大学教育更有利于穷人家庭。此外教育对于经济的拉动作用和对人力资本的积累都有着至关重要的作用。因此，使每个人得到最基本的、公平的教育机会是转移支付的价值体现。

从区域发展而言，由于各地区的天然、地理和资源禀赋的差距，致使各地区的经济发展和财政能力存在着很大的不同，进而也会引发地方政府对公共产品的提供表现出不同程度的差距。财政转移支付在设计时应该注意各地的客观情况，既要照顾各地的均衡发展，也要调动地方政府的能动性，追求资金的使用效益。

（四）转移支付的作用

从理论上说，转移支付作为财政政策的组成部分，其作用与财政职能应当一致，即为公平、配置、稳定而服务。具体而言，转移支付的作用如下：

1. 协调政府间财政关系，促进区域公共产品供给均衡

转移支付的根本目标是补助地方财力不足而无法满足公共产品最优供给，以便维护社会公平。由于各地区的经济发展水平、财政状况的差异，各地区在提供基本公共产品服务时的能力有所不同，为了所有居民的根本利益，上级政府有责任和必要对那些财力不足而无力支付公共服务成本的地区进行补助。以便使得各地区的居民能够享受到最基本的、同等质量的最低公共服务。

通过转移支付不仅可以缓解地方政府的资金紧张，还可以通过不同种类的支付形式引导地方资金的投入，抑制地方政府的"经济人"、"机会主义"动机，纠正地方政府的短视行为。

2. 矫正地方公共产品供给不足

地方公共产品、准公共产品的"溢出效应"会使得当地政府的收益与成本不一致，造成当地政府的投资兴趣的减弱，进而会使得供给小于需求，给社会带来损失。为此，需要由上级政府通过转移支付来补助这部分地方利益损失。

图 6.1 描述了这一情况，图中的 y 轴代表价格或成本，x 轴代表某一地方公共产品（义务教育）的供给数量。曲线 D_1 为需求曲线，表示这一地方公共产品的合理需求水平，S 为供给曲线，表示生产这一公共产品的成本，两者的交点为 A，表示公共产品供给、需求的均衡点。如果上级政府不予补助的话，由于溢出效应的存在，地方政府不会使得公共产品在 A 点达到均衡，而是减少供给量，使得供求均衡在 B 点，此时，供给量减少了 Q_1Q_2，全国也会减少了效率。所以只有上级政府对该地区进行补助，数额等于 P_1P_2S 时才能恢复到原先的最优均衡点 A。

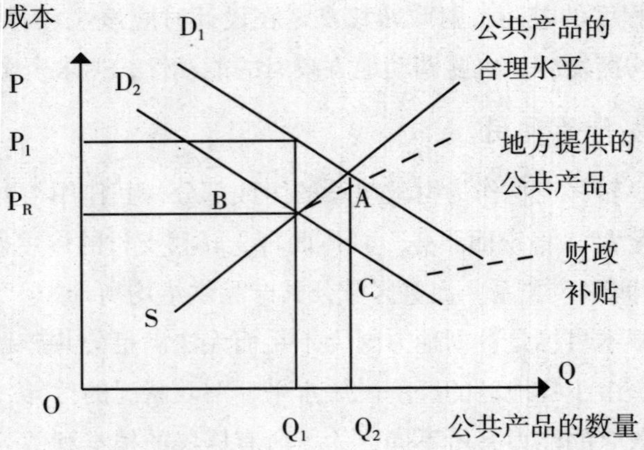

成本

图6.1　对公共产品溢出效应的补偿[1]

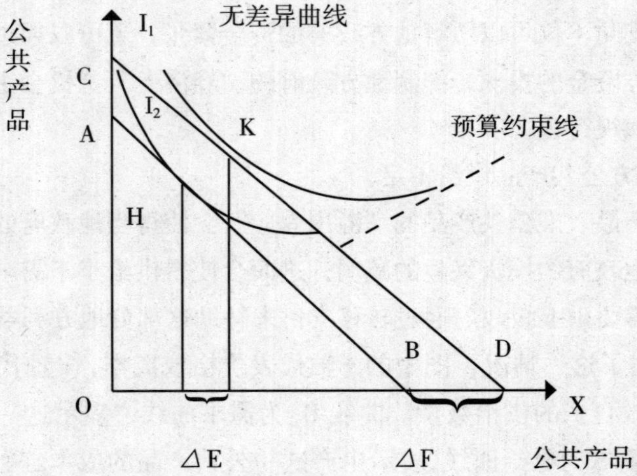

图6.2　转移支付后的地方公共产品供给水平[2]

3．提高地方居民的福利水平

转移支付对地方居民福利水平的提高可以用图 6.2 中预算约束线原理来表示

[1]　财政部、教育部、上海财经大学课题组：《中国农村义务教育转移支付制度研究》，上海财经大学出版社2005 年版，第 145 页。
[2]　财政部、教育部、上海财经大学课题组：《中国农村义务教育转移支付制度研究》，上海财经大学出版社2005 年版，第 145 页。

说明。在该图中，假定有 X 和 Y 两种地方公共产品，在既定的地方预算条件下，它们的供给水平为 A 或 B，相应地，地入政府的供求均衡点为 H。这时的福利水平为无差异曲线 I_2。如果上级政府实施转移支付，则由于总预算的量增加了，因而预算约束线由 AB 移动到 CD，而无差异曲线将移动到 I_2。无差异曲线的向外移动表明居民福利的水平提高了。因而转移支付有利于提高接受地居民的福利水平。

此外，转移支付在提高居民福利的同时还有利于减轻地方居民的负担。因为上级政府的补助减少了地方政府利用权力，以税收或非税收的形式向居民摊派的机会，而且，还会减少他们通过"搭车"方式，借机额外地扩大收费行为。这对于减轻地方居民的负担，提高地方财政资金的使用效率十分重要。

二、政府义务教育转移支付的类型及其经济效应

转移支付的目的是弥补政府的财政缺口，实现其权、责、利的统一。在这场政府间的利益博弈中，如何运用不同种类的转移支付形式，使其既要达到均衡各地区财力的目的，又要激发各级政府加大教育财政投入的努力则显得尤为必要。下面我们以传统消费者理论工具，用无差异曲线和预算约束线来说明不同种转移支付类型的经济效应[1]。

1. 一般性转移支付

一般性转移支付实际上是中央和高级政府对地方政府的整块补助。它对地方政府义务教育支出决策的影响如图 6.1 所示：地方政府初始预算线为 D_2，公共产品供需平衡时的均衡点为 B，地方政府用自有的财政收入提供义务教育服务的量 OQ_1。中央政府向地方政府提供一般性财政转移支付后，财政预算线为 D_1，由于地方政府无条件地得到一笔可以自由支配的资源，地方政府的购买力得到提高，那么新的均衡点在 A 点。从图 6.1 中可以看出，一般性转移支付通过收入效应使地方政府提供的义务教育服务数量有所增加，但增加的数量是有限的。因为这种无指向的转移支付可以用于政府提供的任何一种公共品，而义务教育只是地方政

---

[1] 该部分内容主要参见李祥云：《论义务教育财政转移支付类型与不同政策目标组合》，《教育与经济》2002 年第 4 期。

府提供众多公共品中的一种,增加财政补助后,政府不一定会全部将之用于教育,因此,这种转移支付的方法不太适合我国的实际。

2. 非配套性的义务教育专项转移支付

非配套性转移支付是指中央或省级政府向地方政府一次性提供一笔固定的资金用于义务教育,并要求地方政府用于义务教育的自有财政支出不得减少。它有两个特点:一是资金的使用上是有限制的,它来自于上级政府的规定。二是它不需要接受配套资金,但应对资金的使用效果负责。采用这种方式的目的主要是矫正下级政府在教育财政预算上的某些缺陷。这种补助的效果如图 6.3 所示:地方政府初始的财政预算线为 AB,非配套性义务教育专项补助使得地方财政预算线外移。由于规定补助只能用于义务教育,新的预算约束线为折线 AZD,补助后的无差异曲线向右移动,表明该地区的居民福利总水平提高了。

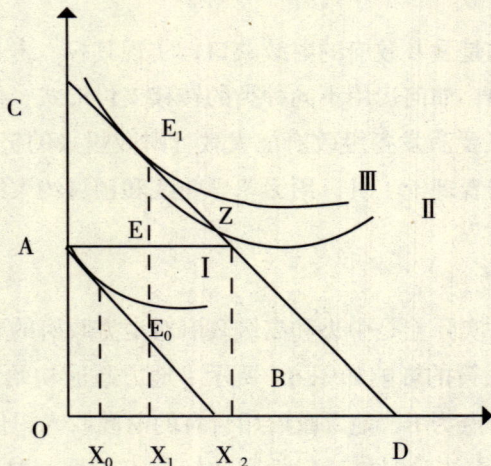

图6.3　非配套性的义务教育专项转移支付

3. 不封顶的配套性义务教育专项补助

不封顶的配套性义务教育专项补助对地方政府义务教育财政支出决策的影响如图 6.4 所示:地方政府初始的预算约束线为 AB,与效用线相切于 EO 点。中央和省级政府为地方政府提供一项不封顶的配套补助,使得原有的预算约束线移动到 AC 线,在新预算约束线上实现效用最大化组合点变为 E_2。在该点地方政府提供义务教育服务数量大幅增加,地方选民消费其他商品 Y 的数量减少。为便于比较,作出同等规模的非配套义务教育专项补助和总量一般性转移支付的预算约束线为 AC、DF,效用最大化的组合点分别为 Z 和 E_1。从图中可以明显看出:不封顶的义务教育专项配套补助能够增加地方政府在义务教育上的支出,其增加的数量要比同等规模的总量一般性转移支付和非配套性的义务教育专项补助大得多。这是因为不封顶配套专项补助会使地方政府受到两个方面的影响,一方面它降低了义务教育服务的价格,使得义务教育服务相对于其他产品变得更便宜,产生替代效应。另一方面它也相应地增加了地方政府的财政收入,地方政府的购买力得到提高,从而产生收入效应。对于同等规模的一般性转移支付和非配套性的专项补助来说,同等规模意味着它们只有相同的收入效应而无替代效应,自然它们在鼓励地方政府增加义务教育财政支出上的作用要小一些。不过这些非配套性财政专项补助和一般性转移支付,由于对消费的选择没有被价格变化所扭曲,因此它们更能提高地方选民的福利水平(效用水平)。

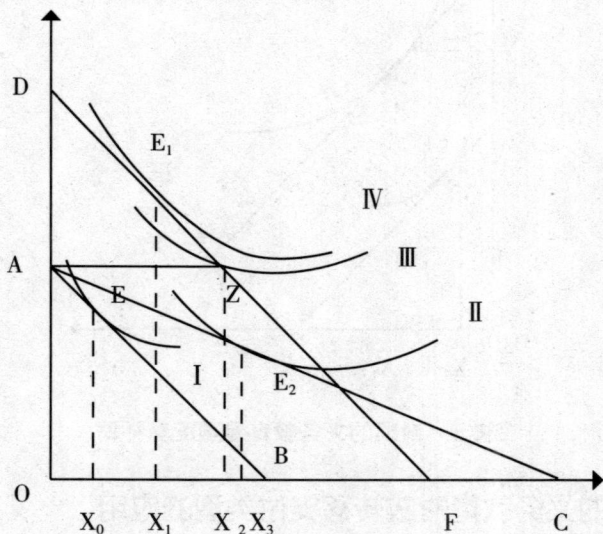

图6.4　不封顶的配套性义务教育专项补助

4. 封顶的义务教育专项配套补助

与不封顶的专项配套补助相比,封顶的专项配套补助对地方义务教育财政支出影响的区别在于预算约束线的变化不同。如图 6.5 所示,假定地方政府面临的初始预算约束线为折线 ACD,配套补助使义务教育服务的价格降到点 C。在 C 点之后,义务教育服务的价格又回到没有补助时的价格。这样,预算约束线平行于原先的预算约束线并且外移。如果效用最大化组合点在 C 点的左侧,封顶的补助就是配套补助;如果效用最大化组合点在 C 点的右侧,补助就成了一次性的补助;如果效用最大化的组合点正好位于 C 点,在该点上地方政府利用了封顶专项补助的全部潜力。由此可以看出,在不了解地方政府具体支出的情况下,是无法确切知道封顶的配套补助对地方义务教育财政支出决策的影响,究竟发挥的是配套的作用还是一次性专项补助的作用。就一般情况而言,由于地方政府感受到了价格效应,封顶的配套补助在增加地方政府义务教育财政支出的作用要比纯粹配套专项补助更有效。

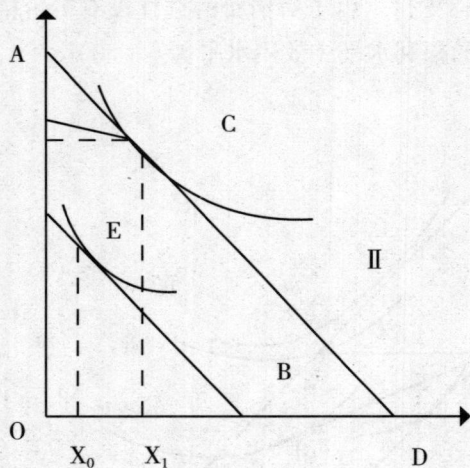

图6.5　封顶的义务教育专项配套补助

三、不同的义务教育财政转移支付类型的应用

应当说几种转移支付形式的本身并不存在着孰优孰劣的问题,但要从正确处理政府间的关系、提高教育资金的使用效率来说,不同的支付形式对不同问题的有效程度不同。

1. 无条件的一般性转移支付补助。该补助主要针对低收入或高成本辖区进行资源配置的再分配。因为没有条件限制和资金使用后的效果检查,该项补助在四类转移支付中最为宽松和受到地方政府欢迎。上级政府的补助对于接受者来说等于获得了一笔自有财力，具有对基础财力补助的特点。另外，这种方式对于改善地方选民福利水平也是最好的选择机制。但其缺点也十分明显：资金一旦进入转移后，就脱离了上级政府控制，资金的应用项目和效率无法得到保证。并且该项补助会自动进入基数，为以后的财政补助带来压力。此外，如果"粘绳纸效应"不存在的话[1]，这种补助还会形成大量的税收减免现象。为此，这种补助方式须加严格限定使用范围和条件，否则就会造成资金效率损失。

2. 有条件非配套补助。该项补助属于政策性补助，适用于补助特定项目，对于个人或者是一些应急措施的作用比较明显。与总量一般性转移支付的效果相比，非配套补助在激励地方政府增加义务教育财政支出、提高资金使用效率方面属于次优选择，但要比配套义务教育专项补助的作用要大一些（其原因是不改变地方消费品的相对价格）。此外，非配套补助中的"定项"补助可以分为政策性和项目性两类。前一类等于无条件补助，后一类补助应当对项目进行绩效考评。由于项目性补助的项目设置比较灵活，接受补助者不受限制，随着项目结束，补助也就停止，不必纳入基数，因而这是西方应用最广泛的一项政策方法。其缺点是：无法保证上级政府提供的义务教育财政补助不用于其他公共品或对地方政府产生替代作用。一般而言，非配套的义务教育专项补助和封顶的义务教育专项补助应谨慎使用。除非补助的数额比地方政府本身用于义务教育支出大得多，否则将达不到上级补助的预期政策目标。

3. 配套补助。一般而言，配套专项补助对于激励地方政府增加义务教育财政支出的作用要大于非配套性义务教育专项补助。其中，不封顶配套的义务教育专项补助对于提高下级政府用于某种指定用途的教育支出的作用最大，是一种公认的干预地方教育支出的有效手段，具有较好的效果。封顶配套补助与一次性分类补助的效应有些类似，实施过程中应该尽量少采用。因为对于封顶配套补助来说，一旦达到临界点，就变成了一次性补助。

---

[1] 地方政府的财政支出对所接收的各级政府间转移支付的增加的反应比对公众私人收入增加的反应显著得多，这种现象出被称为"粘蝇纸效应"（flypaper effect），也即钱在其最初拨给的部门粘住了。另一种解释是地方政府接受的转移支付所引起的地区性公共产品增加量要大于同样数额的对该地区居民减税的作用。参见钟晓敏：《政府间转移支付论》，立信会计出版社1998年版，第27页。

以上所分析的各种教育财政转移支付形式都存在着某些不足，这就要求中央政府在实际操作中要谨慎使用，以便解决中央和地方的复杂关系。比如将无条件补助与有条件匹配补助配合起来，用于解决农村义务教育经费制就会比单纯地使用某一种支付方式的效果更好。各种转移支付的类型及要求见图6.6。

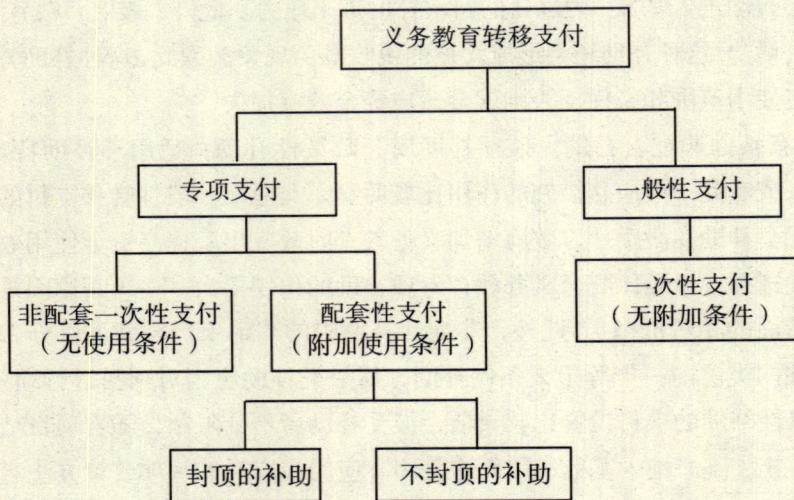

图6.6　义务教育财政补助类型

第二节　中国教育转移支付制度存在的问题

一、我国义务教育财政转移支付的现状

2001年农村税费改革在全国逐步实施，取消了农村教育集资和农村教育费附加。同年，国务院颁布《关于基础教育改革与发展的决定》,其中明确规定：要"进一步完善农村义务教育管理体制，实施在国务院领导下，由地方政府负责，分级管理，以县为主的体制"。为了确保教育的健康发展，在改革农村义务教育管理体制的基础上，中央和省级政府加大了对农村义务教育的支持力度，不仅设立了

专项转移支付资金用于确保农村义务教育等重点事业的发展需要，而且安排了专项资金支持贫困地区农村中小学危房改造和校舍建设。从总体上看，国务院的《关于基础教育改革与发展的决定》实施后，各地逐步建立了较为规范的农村义务教育投入保障机制，加大了对农村义务教育的支出力度，对农村义务教育的发展起到了较好的保障和促进作用。2002 年 5 月国务院办公厅又发布了《关于完善农村义务教育管理体制的通知》，进一步强调了县级政府对农村义务教育负有主要责任，这种体制下各级政府的支出责任如表 6.1 所示：

表 6.1　2001 年后各级政府的义务教育财政分担

	中　央	省、自治区、直辖市	县	乡
教职工工资	对困难县教职工工资补助	对困难县教职工工资补助	统发教职工工资	
公用经费			负担部分公用经费	负担部分公用经费
校舍维修、建设	设困难地区危房改造专项补助	要求省区设困难地区危房改造专项补助	筹措新增校舍建设和改造资金	提供新增校舍所需土地
助学金	设专项补助			
贫困地区专项补助	设专项补助			
教学仪器、图书			设置图书仪器	

　　现行的以县级政府作为支出统筹主体的农村义务教育财政体制自 2001 年开始在部分省区实施以来，得到了快速推进。截至 2003 年 5 月底，全国 30 个省、自治区、直辖市的农村义务教育教职工工资管理上收到县的比例达到 98%，中央财政设置的工资性转移支付和农村税费改革转移支付用于农村义务教育的总额达 112.64 亿元。以县级政府作为义务教育支出主体的制度相对于以乡作为主体的老体制而言，无论是从税源方面、财政能力、筹措义务教育经费的统筹能力还是协调能力来说都明显地得到了提高。与此同时，应该特别指出，现行体制中央财政大大加强了对农村义务教育的支持力度。

　　在"十五"期间，中央政府采取一系列措施支持中西部地区义务教育的发展，主要的转移支付专项资金有以下几项：（1）中央财政从 2001 年起，每年安排 50 亿元资金，以转移支付的形式专项用于中西部地区农村中小学教职工工资的发放；（2）"十五"期间，中央政府投入 50 亿元，组织实施"第二期国家贫困地区义务教育工程"，其中，每年安排专项资金 10 亿元左右，主要投向尚未实现"普九"的 522 个贫困县；（3）为改善中小学办学条件，从 2001~2006 年，中央共专项投入 90 亿元，实施"全国中小学危房改造工程"，每年投入 15 亿元左右；（4）中央财政设立"国家义务教育贫困学生助学金"专款，2001 年起每年 1 亿元；（5）从 2001 年开始，中央财政设专款，对中西部贫困地区农村家庭经济困难的中小学生免费发放教科书，提供资金 1 亿元，2002 年为 2 亿元，2003 年增加到 3 亿元。

2005 年 12 月 25 日颁布的《国务院关于深化农村义务教育经费保障机制改革的通知》规定，按照"明确各级责任、中央地方共担、加大财政投入、提高保障水平、分步组织实施"的基本原则，逐步将农村义务教育全面纳入公共财政保障范围，建立中央和地方分项目、按比例分担的农村义务教育经费保障机制。中央重点支持中西部地区，适当兼顾东部部分困难地区，其具体规定为[1]：

1. 全部免除农村义务教育阶段学生学杂费，为贫困家庭学生免费提供教科书并补助寄宿生生活费。免学杂费资金由中央和地方政府按比例分担，西部地区为 8:2；中部地区为 6:4；东部地区除直辖市外，按照财力状况分省确定。免费提供教科书资金，中西部地区由中央全额承担，东部地区由地方自行承担。补助寄宿生生活费资金由地方承担，补助对象、标准及方式由地方人民政府确定。

2. 提高农村义务教育阶段中小学公用经费保障水平。在免除学杂费的同时，先落实各省（区、市）制定的本省（区、市）农村中小学预算内生均公用经费拨款标准，所需资金由中央和地方按照免学杂费资金的分担比例共同承担。在此基础上，为促进农村义务教育均衡发展，由中央适时制定全国农村义务教育阶段中小学公用经费基准定额，所需资金仍由中央和地方政府按上述比例共同承担。中央适时对基准定额进行调整。

3. 建立农村义务教育阶段中小学校舍维修改造长效机制。对中西部地区，中央根据农村义务教育阶段中小学在校生人数和校舍生均面积、使用年限、单位

造价等因素，分省（区、市）测定每年校舍维修改造所需资金，由中央和地方按照5∶5比例共同承担。对东部地区，农村义务教育阶段中小学校舍维修改造所需资金主要由地方自行承担，中央根据其财力状况以及校舍维修改造成效等情况，给予适当奖励。

4．巩固和完善农村中小学教师工资保障机制。中央继续按照现行体制，对中西部及东部部分地区农村中小学教师工资经费给予支持。省级人民政府要加大对本行政区域内财力薄弱地区的转移支付力度，确保农村中小学教师工资按照国家标准按时足额发放。

另外，对于农村义务教育经费保障机制改革的实施步骤也作出了明确的规划。要求从2006年农村中小学春季学期开学起，分年度、分地区逐步实施。其具体的实施步骤和目标如下[1]：

1．2006年，西部地区农村义务教育阶段中小学生全部免除学杂费：中央财政同时对西部地区农村义务教育阶段中小学安排公用经费补助资金，提高公用经费保障水平；启动全国农村义务教育阶段中小学校校舍维修改造资金保障新机制。

2．2007年，中部地区和东部地区农村义务教育阶段中小学生全部免除学杂费；中央财政同时对中部地区和东部部分地区农村义务教育阶段中小学安排公用经费补助资金，提高公用经费保障水平。

3．2008年，各地农村义务教育阶段中小学生均公用经费全部达到该省（区、市）2005年秋季学期开学前颁布的生均公用经费基本标准；中央财政安排资金扩大免费教科书覆盖范围。

4．2009年，中央出台农村义务教育阶段中小学公用经费基准定额。各省（区、市）制定的生均公用经费基本标准低于基准定额的差额部分，当年安排50%，所需资金由中央财政和地方财政按照免学杂费的分担比例共同承担。

5．2010年，农村义务教育阶段中小学公用经费基准定额全部落实到位。农垦、林场等所属义务教育阶段中小学经费保障机制改革，与所在地区农村同步实施，所需经费按照现行体制予以保障。城市义务教育也应逐步完善经费保障机制，具

---

[1]　教育部2007年第2次例行新闻发布会散发材料《农村义务教育经费保障机制改革的主要内容及实施步骤》，教育部网站主页，2007年2月27日。

体实施方式由地方确定，所需经费由地方承担。其中，享受城市居民最低生活保障政策家庭的义务教育阶段学生，与当地农村义务教育阶段中小学生同步享受"两免一补"政策；进城务工农民子女在城市义务教育阶段学校就读的，与所在城市义务教育阶段学生享受同等政策。

二、中国教育财政转移支付制度存在的问题

1999 年《过渡时期转移支付办法》的颁布标志着我国财政转移支付制度的确立。该办法的出台为我国政府的扶贫工作奠定了基础，也为确保社会公平、实现共同富裕起到了重要的作用。但是，由于当时国家财力的局限和制度缺陷，其效果并非十分理想。首先，这种制度并未完全打破原有财政分配体制格局，依旧属于包干和分税体制的混合体；其次，该办法所涉及的转移支付额度极小，这对于调节和缩小地区间发展差距的作用可以说是杯水车薪，十分有限。对于义务教育来说，现行财政转移支付制度存在的问题则更为突出，这集中表现在以下几个方面 [1]：

1. 相对独立的教育财政转移支付体系尚未建立

目前教育财政转移支付与其他转移支付项目混杂在一起，未能作为整体财政转移支付中一个相对独立的部分而存在，这导致在实施过程中对一般性教育转移支付额度的确定只能遵循过渡时期财政转移支付的总体原则和一般办法进行粗略估算，缺乏应有的针对性和科学性，其结果既难以从总量上保证对义务教育的足够支持，也不能使有限的转移支付资金在协调地区教育均衡发展中有效地发挥作用。

2. 转移支付项目和补助数额的确立缺乏科学依据

与国外相比，我国的教育转移支付在项目和补助数额的确定上随意性较强，没有形成科学、统一、相对稳定的长期制度和模式。在补助项目的确定上，目前我们通常的做法是上级政府根据总体发展目标和规划来确定重点工程项目，临时性、主观性较强，容易导致教育专项资金的划拨脱离实际客观需求，造成上级政府既定目标与地方教育的实际需求不相符合甚至滋生腐败现象；在补助数额的确

---

[1] 参见司晓宏、王华：《教育财政转移支付与义务教育均衡发展》，《陕西师范大学学报》2006 年第 2 期。

定上，理应依据各地的经济状况、财政能力和教育发展水平等因素实施差别对待，即对财力充足、教育发展水平较高的地区应少补助或不补助，而对财力薄弱、教育发展水平较低的地区应加大补助。但现实的状况却受以往的基数因素和人为因素影响很大，主观随意性较强，如此的操作方法势必影响义务教育专项转移支付资金配置的科学性和使用的有效性。

3. 转移支付的形式单一，缺乏灵活性

专项转移支付分为无限额配套补助、有限额配套补助、非配套补助三种形式，其目的是通过有差别对待方式去解决教育发展中亟须解决的问题。而目前的专项教育转移支付大多数仅采用"限额配套补助"的单一形式，这种方式要求接受补助的地方政府必须筹集到一定比例的配套款项才能得到上级政府的资金。这对具有一定财政实力的地区较为有益，而对于财政极为匮乏的贫困地区则相当不利，其结果不仅难以使专项转移支付资金配置到最急需的地方，而且还助长了一些地方四处寻租、弄虚作假的行为。

4. 教育分担机制不明确，政府间的权、责、利不匹配

义务教育公共产品的特性决定了义务教育的支出责任应由中央政府和省、市（地）、县、乡各级地方政府共同分担。作为财政转移支付制度最为核心的制度是应根据各级政府的财产能力而作出合理的分担机制，确定各级政府的权利和责任。然而现行转移支付办法所遵循的是"不调整地方既得利益"的原则，实际操作中只规定了中央财政从收入增量中拿出一部分资金用于过渡期财政转移支付，而对于省级和市（地）级政府如何进行转移支付未提出明确的要求或者所规定的义务没有得到有效监督、执行不力，这样便导致了"中央转移支付，省市（地）不支不付，县乡难以应付"的格局。

三、国外义务教育转移支付模式

从发达国家义务教育的实践看，初等教育的发展也是经历了"分"与"集"的转换过程。在分权的阶段，义务教育的管理及财政责任基本上是以地方政府为主。这种分散型的义务教育体制，虽然有利于调动地方办教育的积极性，扩大儿童入学机会，但同时也造成了地方财政无力承担、不愿承担以及区域间教育发展不均衡的局面。鉴于分权的弊端，大多数国家开始将义务教育财政权力向上集中，

实行以地方政府管理为主，各级政府共同分担的机制。下面以几个主要发达国家的义务教育的转移支付模式作一说明。

1. 法国的义务教育责任主要集中在中央政府，中央政府通过国民教育部把全国义务教育教师的工资直接划拨到教师个人账户，从而承担了70%以上的义务教育经费。地方政府只需负担份额较小的基建和行政费用，同时辅之以政府间一般性转移支付以及对处境不利群体和地方的专项转移交付。

2. 德国义务教育经费主要由州政府承担，它将教师工资直接划拨到教师个人账户，约占义务教育经费的75%，另有少量经费由州转移给市镇政府。

3. 英国义务教育经费的大约80%由地方承担，其中中央政府的转移资金主要拨付地方教育当局和"中央直接拨款学校"。

4. 美国实行的是以州和地方为主，各级政府共同分担义务教育财政责任的体制。县、市、学区承担起筹措义务教育经费应有的责任，其中学区是地方筹集义务教育经费的基本单位。学区本身不算一级政府，学区居民所交财产税由县、市政府负责代为征收和管理，最终基本上返还用于本学区的义务教育。州政府的责任主要是针对所辖学区的教育经费缺口提供补助。而联邦政府对义务教育的投入应经由20世纪90年代初的3%提高到21世纪初的7%。

5. 日本义务教育现行财政体制，实行由地方政府管理为主，中央政府直接出资或对地方提供转移支付资金，各级政府按照教育项目共同分担义务教育财政责任。其中，中央政府对地方的转移支付分为两种，一是通过均等化的一般性转移支付（地方交付税），按公式直接向地方两级政府分配补助金，以确保地方两级政府具有提供义务教育经费的财政能力；二是通过国库支出金，为地方两级政府负责的义务教育项目提供配套补助，以保证义务教育能够达到中央所要求的实际水平。在财政责任分担方面，日本义务教育经费主要来自于地方两级的自有财政收入，占义务教育总投入的68%，中央补助占32%（交付税补助占15%，国库补助金占17%）。

以上各国虽然有着不同的文化传统、政治体制以及政府间财力分配模式，义务教育的财政责任在各级政府间配置的差异也比较大。但是，发达国家中央政府的主要职责都是缩小地区之间义务教育服务水平的差距，促进教育公平。从实际效果看，通过义务教育财政转移支付，中央政府的负担模式为促进教育公平的实现发挥了积极的作用。此外，各级政府对义务教育的责权划分比较明确，各级政府严格按照规定履行各自应当承担的责任。

第三节　义务教育转移支付的制度设计

对比国外发达国家教育财政转移支付制度的成功经验，我们可将我国义务教育发展出现的各种问题可以归结于各级政府间责、权、利不明确，财政转移支付制度不健全的原因，从而导致了经济发展财政收入增加并未与义务教育的发展相统一。因此，建立健全义务教育财政转移支付制度是促进教育局均衡发展的重要内容。

一、教育转移支付的条件和指标选择

健全教育转移支付制度的核心内容是如何根据各地区的经济、社会、人口等因素设计出科学、灵活且具有可操作性的客观制度，因而指标选择是转移支付制度设计的首要问题，它关系到转移支付制度的科学性和合理性，也涉及制度本身的执行和监督成本问题。不合理的指标可能会造成地方政府为争取中央、省教育财政补助而减少本级教育财政支出，故意制造资金缺口，使得上级转移支付资金产生"挤出效应"[1]。因而，在设计转移支付时应该注意以下原则：（1）指标体系应当尽可能选择客观的、原生的指标，避免采用带有人为因素的指标。（2）指标体系宜粗不宜细，否则计算过程过于复杂，难以实施。（3）教育转移支付作为一项制度，最终目标是决定地方政府的教育财政缺口，因而有必要设置一个基本模型，然后，根据不同条件客观地进行计算。对于缺口的计算需要考虑以下几个因素：

1. 各地区生均成本

由于各地区的物价、工资、消费水平等经济因素的不同，学生的培养成本也不尽相同。因而，在考虑各地区教育生均指标时必须考虑各地区学生的培养成本，这样才能科学地评估出县级政府的财政能力和财政缺口。

---

[1]　张欢：《农村义务教育经费"挤出效应"研究》，《清华大学教育研究》2004 年第 5 期。

2. 各地区的人口因素（或者说是学龄人口）

各地区的人口因素从量上直接影响着政府的财政投入，不同人口结构的地区有着不同学龄人口负担和不同的教育需求压力。因此，核算学龄人口是转移支付所必须考虑的因素之一。此外，考虑到国家的安定与团结，少数民族地区的人口比重也需要重点考虑。另外，还需要考虑人口的密度问题，不同的人口居住环境和密度，直接影响着教育的规模、效益和成本问题。最后，还需要考虑城市化的水平问题，城市化水平反映各个地区农村人口的比重，农村人口比重大的地区，需要转移的份额就要大一些。

3. 教职工的数量

教育经费的支出中的事业经费占据主要部分，而教职工的工资和福利又是事业经费中的主要支出项目，不同地区的生师比例不同，工资差距不同，也会导致教育事业经费和生均成本的差距，所以，教职工的数量是转移支付必须考虑的又一因素。这里面包括专职教师和教辅人员的比例问题，以及教工的学历、职称等有关教师队伍的素质问题，这些都会影响到转移支付的数额大小。

4. 各地的财政能力

转移支付的目的是对没有财政能力承担公共产品生产的政府提供合理的补助。因此，必须首先对地方政府的财政能力进行评估和测算，通过"因素法"构建合理的调整系数，进行调试比较，科学、准确地确定转移支付对象和转移支付所需要的资金数量。避免政府间的寻租、隐瞒等行为给转移支付带来盲目、随意性，造成"马太效应"，失去了转移支付的本意。

当然，除了上面提到的几种因素外，还有其他因素影响着教育财政支出，但是基于操作的简便性，本研究将主要围绕上面几种因素内进行转移制度制度的设计。

二、"缺口补助"公式的设计

目前国家转移支付的设计大都将采用缺口补贴的方法，主要针对各地区的财政不足进行补贴，这样既可以充分发挥地方政府的积极主动性，又可以减轻中央政府的负担。但是，鉴于政府间的博弈和自利行为，如何准确、及时地掌握这个财政"缺口"才是首要问题。

（一）已有的算法及改善

目前关于缺口补助的算法中以王善迈、杜育红和马国贤的算法最具有代表性。杜育红 (2001) 采用"相对"的方法，在确定了地区最低标准成本和实际成本的基础上求得转移支付的数量[1]。袁连生、王善迈 (2002) 在大量实证研究的基础上，设计了总额比例补助模式和分项比例补助模式，提出了"义务教育标准收入"和"义务教育标准支出"的概念，构造义务教育转移支付模型[2]。吴春山、龚经海 (2003)提出的两种义务教育财政转移支付模型：总额比例补助模型和分项补助模型。该模型总体上与袁、王的模型相似，即以标准收入、标准支出之间的差额来确定教育财政缺口以及转移支付的额度[3]。另外，财政部、教育部和上海财经大学课题组联合承担并编写的《中国农村义务教育转移支付制度研究》一书中，以"调整后的标准成本"与各地区的"生均实际成本"两个指标来衡量教育财政缺口。还有，朱汉清（2002）在首先确定了政府转移支付总额度的基础上，将公平和效率两个目标分别纳入转移支付中进行分析，认为以"过度公平"为目标的转移支付会降低资金的使用效率，导致各地区教育财政的对上依赖[4]。

以上几种研究模式都采用了"因素法"的模式，模型构建的关键在于根据不同的社会经济因素来核算教育财政支出的标准成本以及调整系数，这些模型的内涵都着重强调了公平和均衡的理念。

笔者认为上述模型中缺少了对资金使用效率的考虑，在缺乏相应的监督约束下，一味强调资金的投入而不注重经费后期使用中的效率监督，就会造成财政资源的紧张同时又出现浪费的两难境地。因此，在转移支付制度设计中除了注意上述学者的观点外还需将资金的利用效率考虑在内，将其作为转移支付的一个因素进行设计，以此促进教育经费的有效利用。本研究将在马国贤教授的教育转移支付模型基础上进行修改，以期在操作性和实效性上有所改进。

[1]　杜育红：《中国义务教育转移支付制度研究》，《北京师范大学学报》2000 年第 1 期。
[2]　王善迈、袁连生：《建立规范义务教育财政转移支付制度》，《教育研究》2002 年第 6 期。
[3]　吴春山、龚经海：《义务教育财政转移支付制度研究》，《四川财政》2003 年第 4 期。
[4]　朱汉清：《政府转移支付的目标选择》，《财政研究》2002 年第 5 期。

（二）"缺口补助"的模型设计

以生均成本为基础的补助公式是指扣除主观因素后，对达不到标准生均教育支出的地区应当予以补助。具体公式如下：

义务教育补助额 =（生均标准成本努力程度系数（S）^{p} 修正系数（R）^{r} 经费利用效率指数（E）^{q} – 地区生均实际成本）接受义务教育人数　　　　（6.1）

其中 p+r+q=1。本公式中考虑了生均标准、地区教育财政支出的努力程度系数、接受义务教育的人数（学龄人口数）、经费的利用效率指数和修正系数因素，具体指标的说明和算法如下：

1. 生均标准成本值的确定

生均标准成本是指目标成本，其计算方法是通过全国平均值获得。目前，生均标准成本的计算方法有两种：一种是规范的方法，即按照教师的平均工资和编制、工作量等计算出的工资性成本，或者说是按照教育的某些消耗指标计算出生均公务费。虽然这些在理论上是可行的，但由于消耗的某些标准难以确定，再加上地区间的差异过大，以及物价因素的变动，因而计算难度比较大。另一种是按照平均状态计算的生均成本标准[1]。杜育红采用的是通过全国平均值的 80% 与 70% 两个经验值来计算生均最低标准[2]，并可根据实际情况进行调整。马国贤通过对全国教育经费均值、标准差的描述统计分析，利用正态分布情况确定修正数值，进而确定最低生均成本。上述方法虽然略有差别，但计算的结果差距不大。若以杜育红的 80% 和 70% 两种标准计算的 2001 年相应的生均标准成本分别是：初中 1051、921 元，小学为 724、633 元；而以马国贤的方法确定的 2001 年全国初中生均成本 956.4 元，小学 760 元，两者大体相当。因此，本研究倾向于杜育红的方法：首先确定全国的平均值，然后以经验比值确定具体的生均标准（比如用全国均值的 70%、80% 等比例），这样的计算和操作更加快捷，精度也有一定的保障。

2. 努力程度系数的确定

努力程度系数是指按照人均财力支出水平计算的各地区应达到的生均成本与实际达到的生均成本之比。公式为：

---

[1] 主要参见财政部、教育部、上海财经大学课题组：《中国农村义务教育转移支付制度研究上》，上海财经大学出版社 2005 年版，第 10 页。
[2] 杜育红：《中国义务教育转移支付制度研究》，《北京师范大学学报》2000 年第 1 期。

$$努力程度系数 = \frac{实际生均成本}{按人均财力支出水平计算达到的生均成本} \quad （6.2）$$

按照人均财力支出水平计算达到的生均成本有两种计算方法：

第一是按照马国贤的方法，通过时间截面数据计算各省义务教育基本成本和人均财力支出水平的线性关系公式，然后依此公式确定各省区应该达到的成本。比如以2000年的资料为基础计算的初中生均基本成本为：

$$y=1.4833x+35.5 \quad （6.3）$$

小学的公式为：

$$y=0.831x+100 \quad （6.4）$$

由于该公式必须根据多年的情况进行回归分析计算，才能得出财政水平和教育支出水平的回归关系，易受到各年政策、经济、物价因素的影响，过程较为烦琐。因此，本研究直接用一个地区的人均教育财政支出占该地区人均财政支出的比重与全国相对应的比重进行比较，以此反映各地区的教育投入努力程度。公式如下：

$$努力程度系数 = \frac{地区人均教育成本／地区人均财政支出}{全国人均教育成本／全国人均财政支出} \quad （6.5）$$

3. 修正系数

修正系数是对某些影响义务教育资金短缺程的因素度进行修正，充分考虑到各地区的实际情况，避免一视同仁的补贴方法。修正系数的内容主要包括：城市化水平、特殊区域系数和少儿扶养比等因素。城市化水平主要考虑到城乡间消费水平的差距对教育成本的影响。特殊区域系数因素主要是针对"边、远、少"等地区进行补贴，目的是为了维护社会和谐发展目标而进行的特殊补助，以期让边、远、少地区所获得到的教育补贴更加规范化、长期化和固定化。

$$修正系数\ R=1+（U+S_1+S_2+M）/4 \quad （6.6）$$

其中：U 为城市化水平，$U=\alpha\dfrac{全国城市化水平}{地区城市化水平}$；

S 为特殊因素（民族地区、人口密度地区）：

$$S_1 = \beta \frac{\text{全国少数民族人口占全国人口的比重}}{\text{区域少数民族人口中本辖区人口的比重}},$$

$$S_1 = \delta \frac{\text{全国人口密度}}{\text{区域人口密度}};$$

M 为学龄人口负担比：

$$M = \varepsilon \frac{\text{全国相应阶段的学龄人口占总人口的比重}}{\text{区域相应阶段的学龄人口占本区域人口的比重}}。$$

系数 $\alpha + \beta + \delta + \varepsilon = 1$，其中政府可以根据社会发展的目标对各个系数的取值进行选择。比如，如果注重少数民族的教育事业发展，可以将 β 值设大一些；如果偏重农村人口的教育问题，可以将 α 值调大一些。

4. 教育资金的效率指标

鉴于计算的可操作性和简便性，教育资金的利用率指标的计算可以根据各区域教育支出分类项目的均值与全国相对应指标的均值来计算。

资金利用的效率指数 $E = \omega \times$ 地区生均人员事业经费指数 $E_1 + \eta \times$ 地区生均人员公用经费指数 $E_2 + \rho \times$ 地区生均基建指数 E_3

其中：地区生均人员事业经费指数 $E_1 = \dfrac{\text{全国生均人员经费}}{\text{地区生均人员经费}}$

地区生均办公经费指数 $E_2 = \dfrac{\text{全国生均办公经费}}{\text{地区生均办公经费}}$

地区生均基建指 $E_3 = \dfrac{\text{全国生均基建经费}}{\text{地区生均基建经费}}$

ω、η、ρ 分别为各指数的权重，由全国生均人员经费、办公经费和基建经费之间的比例计算而得。

三、转移支付数值的模拟

根据以上设计的转移支付公式，以 2004 年的数据为基础对全国各省进行转移支付的数值模拟，其中参数 p、r 取值 0.3，q 取值 0.4，α、β、δ、ε 各取值 0.4。有关修正系数及计算的结果见表 6.2。

表 6.2 各省转移支付调整系数、转移支付对象及数额

地区	小学经费的努力程度	初中努力程度	人口密度修正系数	城市化率修正系数	少数民族修正系数	小学学龄人口修正系数	初中学令修正系数	小学经费效率指数	初中经费效率指数	小学生均补助额	初中生均补助额
北京	0.77	0.89	0.15	0.54	0.53	0.40	0.52	0.32	0.41		
天津	0.86	0.81	0.17	0.79	0.25	0.62	0.78	0.68	0.87		
河北	1.50	1.64	0.37	1.20	0.46	0.92	1.18	1.62	1.48	178.5	362.65
山西	1.31	1.22	0.63	1.08	0.03	1.24	1.15	1.73	1.58	244.5	188.13
内蒙古	0.99	0.88	1.14	0.94	2.47	0.80	0.92	0.98	1.08		
辽宁	0.98	1.05	0.47	0.77	1.83	0.76	0.79	1.10	1.01		
吉林	1.12	1.09	0.95	0.82	1.03	0.74	0.85	1.06	1.16		
黑龙江	0.99	0.97	1.61	0.81	0.65	0.70	0.98	1.03	2.07		
上海	0.56	0.88	0.06	0.43	0.05	0.36	0.60	0.28	0.25		
江苏	1.57	1.66	0.19	0.89	0.06	0.82	0.99	0.91	0.70		
浙江	1.86	1.99	0.30	0.80	0.09	0.84	0.76	0.59	0.37		
安徽	1.87	1.60	0.30	1.28	7.20	1.11	1.10	1.97	1.76	415.27	485.52
福建	1.85	1.72	0.47	0.62	0.19	0.94	1.06	1.09	1.13		
江西	1.54	1.38	0.53	1.21	0.11	1.04	1.02	1.92	1.54	471.61	439.37
山东	1.25	1.60	0.23	0.63	0.08	0.79	0.96	1.40	1.06		
河南	1.59	1.64	0.23	1.49	0.14	1.20	1.21	2.47	2.47	556.27	603.85
湖北	1.39	1.86	0.42	0.98	0.50	0.91	1.10	1.84	1.56	362.68	374.96
湖南	1.38	1.76	0.43	1.21	1.26	0.74	1.05	1.58	1.58	65.34	346.94
广东	1.84	1.66	0.29	0.88	0.17	1.45	1.08	1.06	0.67		
广西	1.73	1.51	0.66	1.36	4.40	1.11	0.99	1.94	1.54	357.63	379.04
海南	1.49	1.24	0.58	1.69	2.06	1.41	1.07	1.60	1.01	250.17	
重庆	1.52	1.36	0.36	1.12	0.64	1.00	0.80	1.53	1.01	114.32	
四川	1.65	1.47	0.76	1.93	0.64	0.97	0.83	1.70	1.28	266.37	185.89
贵州	1.54	1.13	0.61	1.64	4.46	1.41	1.05	2.61	2.02	571.4	466.04
云南	1.67	1.16	1.21	1.53	3.83	1.15	0.87	1.45	1.33	101.17	

（续表）

地区	小学经费的努力程度	初中努力程度	人口密度修正系数	城市化率修正系数	少数民族修正系数	小学学龄人口修正系数	初中学令修正系数	小学经费效率指数	初中经费效率指数	小学生均补助额	初中生均补助额
西藏	1.12	1.01	62.21	1.13	10.69	1.37	0.80	0.98	0.50		
陕西	1.19	1.13	0.75	1.30	0.08	1.15	1.18	2.00	1.70	339.77	344.96
甘肃	1.46	1.06	2.37	1.50	1.06	1.39	1.03	2.04	1.69	358.04	434.92
青海	1.01	0.74	17.46	1.11	5.20	1.09	0.83	1.29	0.99		
宁夏	1.16	0.98	1.52	1.06	4.09	1.33	0.92	1.62	0.99	218.53	
新疆	1.53	1.28	11.25	1.22	6.89	1.30	1.18	1.03	1.01		

从以上数值的模拟结果来看，需要中央政府对地方小学义务教育阶段进行转移支付的省份为河北、山西、安徽、江西、河南、湖北、湖南、广西、海南、重庆、四川、贵州、云南、西藏、陕西、甘肃、宁夏17个省份；初中阶段需要接受援助省份为：河北、山西、安徽、江西、河南、湖北、湖南、广西、四川、贵州、山西、甘肃12个省份。从模拟的数值大小来看，安徽、河南和贵州等地需要支付的数额较大，并与现实差距较大。这是由于该地区的经费使用效率较高，所受激励指数较高导致的。此外，还受到人口密度、城市化水平和少数民族成分的影响，因此模拟值与现实数值差距较大。在受援助的省份中，西藏和青海未列入受援省份显得有些意外，这可能是因为两省的生均经费数据中已包括了国家转移支付的部分，故而不能再显示经费的缺口。或者是因为两省的财政努力程度、经费利用效率等因素等存在差距而导致的。所以该模型模拟了大部分贫困省份因该获得的相应补助，具有一定的应用性。

以上是中央政府针对省级政府的教育经费进行的补助，关于省级政府向县级政府的补助可参照上述公式进行测算。需要特别指出的是，这里所设计的模型只是理论上的探讨，提供的数值模拟也仅仅是一种计算和分析方法而已。对于结果的不理想部分，相关政府和部门可以根据具体的社会目标适当调整参数，以此引导地方政府加大教育投入，提高经费利用效率。

四、完善义务教育财政转移支付制度的政策建议

1. 科学划分各级政府的权利和义务，明确教育支出的分担比例

我国义务教育实行地方负责、分级管理的体制，从其历史发展和现实情况来看，体制本身的设计虽然有部分缺陷，但问题产生的主要根源在于各级政府的责任没有划分清楚。各级政府间应根据各自的财政收入能力，根据各地区的社会经济发展特点来设计制度的合理性，在中央与各省、市（地）和县级政府之间明确地统一划分一个具体分担比例，并设计好监督和反馈机制，按照有差别的循序渐进的办法，逐步完善教育经费的投资体制。

2. 建立独立的教育财政转移支付制度，使之成为教育均衡发展的必要手段

目前教育财政转移支付未能作为整体财政转移支付中一个相对独立的部分而存在，导致了一般性教育转移支付额的确定缺乏应有的针对性和科学性；这也相应导致了一般性教育转移支付无法保证给予义务教育经费足够的支持，也不能发挥转移支付应有的调节地区教育均衡、缩小地区间公共服务水平差距的作用。因此，必须将教育转移支付制度从其他一般性转移支付制度中分离出来，使其更有针对性地解决教育中存在的问题。另外，在对各地区进行教育转移支付时，需要加大中央政府的一般教育转移支付的力度，使之形成规范、稳定的制度体系，这样可以从整体上扶持落后地区教育事业的发展。同时，还要加大专项转移支付的力度，以便从具体项目上支持落后地区，解决落后地区在教育事业发展上的突出问题和燃眉之急。只有两者并举，综合应用，才能有效地促进和保障教育公平。

3. 合理科学地运用专项转移支付手段，实现政府教育目标

应当加强教育专项转移支付在项目确定上的科学性，在支付形式上应坚持配套资金和非配套资金相结合，在立项的程序上改变目前"由上而下"的做法，应根据各地区义务教育发展中存在的实际问题和需求进行立项。立项时结合调研和专家论证的办法，客观地反映各地的真实需求。另外，在专项资金的支付形式上应坚持多样性原则，实行积极有差别的对待，即对经济发展水平较高、财力较强的地区宜采用配套资金或配套资金比例较高的支付方式；而对经济发展水平落后、财力薄弱的地区宜采用非配套资金或配套资金比例较低的方式。只有增强立项的科学性，才能使有限的专项转移支付资金在协调义务教育均衡发展中最大限度地

发挥作用。

4．完善转移支付中的"因素法"核算，及时监督与评定经费使用绩效

在各级政府的教育经费预算过程中要充分考虑各地区的社会发展因素，科学合理地控制经费的划拨，既要考虑区域间的教育发展均衡，积极维护社会公平公正，也要杜绝经费使用的浪费和低效。因此，必须改变政府和学校的传统关系，即政府只管出钱而不对学校经费的使用进行监管的状态，改革目前的"养人政策"，理顺政府和学校间的代理人关系，完善考核与评价体系，提高经费的使用效率。为此，政府应该建立科学的拨款和评价体系，严格按生均成本拨款的模式，将生师比、在校学生数、义务教育的辍学率以及教育质量纳入教育经费的补助评价体系，促使教育经费的有效利用。

5．强化财政管理责任，健全财政监督约束机制

为了转移支付目的的顺利实现，在上下级政府间或财政部门授受补助资金项目时要强化责任管理观念，以合同形式明确规定接受方的责任义务，以及违反合同应承担的责任。借鉴一些西方发达国家的做法，上级相当部分转移支付资金的安排可与下级政府履行法定（或政令规定）义务、完成任务结合起来。对下级政府没有尽到应尽责任的，上级政府应部分或全部扣减转移支付补助金额。将官员的升迁与教育政绩联系起来，并追究项目直接责任人及其主管领导的行政责任以至刑事责任。另外，对于转移支付资金的管理，财政部门要完善内部监督，强化自我约束，规范职能行为。为了防止资金的挪用和浪费，需要健全财政监督体系，发挥财政监督、审计监督、人大监督、社会监督的综合效能，做到标准公开、程序公开、结果公开，增强财政转移支付的公开度和透明度，力争使义务教育转移支付达到最优配置。

总之，若要在不改变目前政治、经济体制的框架下有效地解决义务教育资金短缺和发展不均衡的问题，教育财政转移支付是一种及时有效的辅助办法。虽然我国义务教育转移支付制度的健全尚需一段时间，但只要科学合理地设计义务教育转移支付制度、完善政府管理责任制，相信义务教育均衡发展中的问题一定能够得到有效解决。

第七章　结论与政策讨论

第一节　本研究的主要结论

本研究在中国财政分权体制的背景下，以公共支出的分析框架为基础，讨论了政府间义务教育投入的职权划分及其后果，并从宏观的角度，将财政分权体制植入对公共支出的影响分析之中，发现了教育支出总体规模不足、区域间差距扩大及教育经费分项支出效率低下的经济和政策根源。另外，本研究利用了1996~2004 年的省际面板数据对财政分权对公共支出的结构和利用效率进行了实证检验，从制度和经济等因素方面支持了理论分析的正确性。最后,本研究通过"因素法"转移支付的设计，为区域教育资源均衡化的发展提供一种参考方式。本研究得到主要结论是：

1. 自 1996 年开始，中国义务教育支出的总体规模、生均经费的省际间，东、中、西部间的差距日益明显，并有逐步扩大的趋势。此外，在分项目的支出中各省的差距也十分明显。其中，中部和西部地区的大部省份办公经费和基建经费的投入相对贫乏，而东部地区及部分中西部地区省份的办公经费和基建经费投入相对较多，说明我国教育资源存在着不均衡性以及低效性。

2. 中国义务教育支出中存在的差距不仅仅是因为各地区的经济发展水平的不同造成的，更重要的原因是中国式财政联邦主义体制下政府间权、责不匹配引起的。中国式的财政联邦主义体制中，经济上的分权、行政上的集权，使得中央政府在对地方政府官员的任免上具有绝对的控制权。因而，上级政府可以将税收权集中、而将事权下放。各级政府依次效仿，最终将支出的责任推诿到最基层政府，使得地方公共产品无法得到有效提供。另外，在以 GDP 为核心的政绩考核激励下，地方政府为了实现自身效用最大化，往往会忽略当地居民的意愿。政府间的标尺竞争很可能引发公共支出结构的扭曲，即地方政府热衷于能够带来经济快速增长的基本建设投资，而轻视关于社会福利的公共投入。因此，这也是目前我国对教育支出总体规模不足与差距扩大的政策体制根源。

3. 教育经费支出的效率与冗余分析

目前，我国的义务教育投入在总量规模不足的情况下，教育经费支出的结构存在着部分浪费现象，致使教育经费的利用效率低下，主要表现在行政人员编制超编，办公经费和基建经费的冗余等方面。另外，中西部地区的经费利用效率相对高于东部地区。从历史的角度分析，全国教育经费的使用效率经历了一个先升后降的发展轨迹，这主要是由于学龄人口因素的变动而教育支出的结构未及时调整导致的。

4. 财政分权对教育支出效率的影响

财政分权对小学义务教育支出效率的影响分从总体上起到了促进作用。但对中部地区的教育经费效率却有抑制作用，而对东部和西部都有促进作用。其原因是由于财政分权导致了中部地区小学经费投入的低下而引发规模效率的减少。对初中教育来说，财政分权对于初级中学教育经费的使用效率有着负面的影响。其原因是由于初中学龄人口的减少而导致的规模效率和纯技术效率的降低。

5. 其他经济与政策因素对教育支出规模与效率的影响

人均国民收入和人均财政收入水平的提高对义务教育起到了抑制作用，而对高等教育和基本建设的投资有促进作用，但影响的强度比较微弱。说明义务教育经费并未随着经济的发展而同步进行，政府支出结构存在着扭曲现象。经济增长速率对于中、西部经济不发达地区的义务教育和高等教育支出起到了促进作用，但抑制了东部地区的义务教育支出，而推动了基本建设支出。

两次财税改革政策总体上促进了小学经费利用效率，但对东部地区的小学经费利用效率却有着负面的影响，其原因是分税制改革减少了东部地区的财政收入，导致教育规模效率的降低。对初中来说，财政分权整体上抑制了初中经费的利用效率，抑制了规模效率的提升。但在分区中提高了中西部地区的教育经费使用效率，尤其是对西部地区的影响更大。

西部大开发战略有力地促进了西部地区教育经费的使用效率，对于缓解西部地区教育经费的紧张局面起到了有效作用，并且有效地促进教育经费支出项目的优化，提高了教育经费的使用效率。

6. 注重公平与效率的"因素法"转移支付制度的设计是克制政府教育投资中重投入、轻效率的有效管理模式。本研究在设计"因素法"转移支付公式时，将教育经费使用的效率和均衡发展两者融合到因素法的设计中，力求追求公平的同时，注意财政管理和监督，为考评学校的教育经费使用效率，遏制浪费现象提供一种思路。另外，针对我国财政联邦主义中政府间责权不匹配的现象并借鉴国外义务教育拨款经验，本研究认为加快教育负担模式改革、理顺各级政府间关系并作为长期、独立的一种制度固定下来，避免临时性、补救式的随意性财政划拨模式是推动义务教育均衡发展，促进社会和谐发展的重要途径。

第二节　政策建议

本研究通过公共产品、财政分权、公共选择等理论的梳理，在中国式财政联办主义的框架下分析了政府间对教育支出的权责关系及结果，并以历史数据为实证研究了1996~2004年间我国义务教育经费支出的发展变化，考察了该期间的教育经费使用效率以及各种经济、制度因素对教育支出规模和效率的影响。并通过"因素法"的设计完善了只注重公平而忽视效率的传统财政转移支付制度。另外，在比较中外义务教育财政支出制度的基础上，提出了相关政策建议。通过以上分析发现，我国目前义务教育总体投入存在着规模不足和区域差距扩大扩大现象，其原因是经济发展落后、政府间财政关系未理顺和政府竞争的负效应造成的。在中国式财政联邦主义体制的激励与约束下要想改变政府间在义务教育中的支出关系，激励各级政府的投资行为，就必须从制度层面着手，在发展经济的同时进行综合改革，理顺政府间关系、完善财政转移支付制度、财政监督和预算制度。

1. 合理划分政府间义务教育的投入责任，实现权、责匹配

从理论上分析，由于不同层级的辖区相互间具有交叉性，政府教育支出可按受益范围的大小由各级政府提供，实行公共教育经费或成本在不同级次的政府之间的分担机制。从现实情况看，由于完全的集权和分权各有利弊，因此各国对不同体制进行相互借鉴、互补长短已成趋势，由此在事实上形成了各级政府对教育成本的分担机制。鉴于我国教育财政中"县级统筹"的两面性和人口的流动日益频繁，有必要考虑合理划分政府间的教育权责，调整经费投入的管理体制。

对于东部地区而言，由人口外流而导致的教育外溢出损失较小，相反受益较多。再加上东部地区财政能力较强的原因，可以令东部地区的省、市两级政府承担更多地投入责任。比如，将教育经费中的教师工资统一到地级市或省级政府筹资，并由省级政府加以管理和监督。而将公用经费和基建经费由地级政府、县级政府承担，或者两级政府分担，由地级市政府管理。对于西部地区，鉴于人口外流现象而导致教育收益的外溢性较强，以及西部地区县级财政能力有限的特点，可以考虑将西部地区的教师工资的筹资责任上移至中央政府，或者由省级政府和中央政府共同承担。而将办公经费的筹资责任交给市级政府，基本建设经费由县级政府承担。对于中部地区，其教育的外部性和财政能力处于东部和西部地区之间。可以考虑将教师工资主要由省级政府承担，并由中央政府协助解决。而将办公经费和基建经费交与县级政府，并由市级政府协助解决。总之，在经费的使用中，首先保证专职教师的编制数量和工资发放，然后再满足必需的基本办学条件、办公用经费和基建经费，对于新建、大宗固定资产及实验设备的购买可以通过财政预算，各级分担等形式解决。确保各级政府根据自己的财政能力合理、尽责地担负。

2. 确立义务教育经费最低质量标准，通过引入竞争机制提高资金使用效率

规定在全国范围推行义务教育最低质量标准，尝试将义务教育服务与供给分开，适当引入竞争机制，以便提高经费的利用效率。我国法律虽然宣布实行义务教育，但没有在全国范围内明确规定实现质量水平基本相同的最低质量标准，因而这也是各地区办学条件差距较大的政策根源之一。推行最低质量标准的义务教育标准将有助于地区教育的均等化，为此，需要推行义务教育的标准化，在教材

安排、实验设施配置、师资资源配置等方面统一标准，并监督财政支付必须明确到位。最低水平的、平均化的教育服务可以由政府出资提供，超出平均水平的教育产品，也可以允许私立学校的进入。由于社会需求的多样化，私立学校的成立和运作既可以满足具有不同偏好的社会阶层的需求，也可以校正目前政府办学中的重点与非重点学校的划分和教育资源配置的非均衡现象。通过竞争机制的引入，将生产单位和提供单位分开既可以保证教育经费的利用效率，也可以保证义务教育的均衡化。

3. 改革政府官员政绩的考核方式，加大舆论监督力度

20世纪90年代以来，中国特殊的政治激励在经济上的表现是对政府官员以GDP为主的政绩考核机制和（基于民意调查基础上的）上级官员任免制度，这样使得地方政府官员具有非常强烈的（政治）动力促进地方经济快速发展，却忽略了社会福利的发展。为此，在确保经济发展的同时，必须要加强社会发展环境的建设，重新确立干部绩效考核标准和升迁机制，走出GDP为上的误区，将均衡、和谐的发展指标纳入政府竞争目标之中去。只有这样，才能从根本上引导政府支出结构趋于合理化，才能使义务教育的投入不足得到根本改善。同时，充分发挥民主、网络和听证会等监督作用，强化市政公开，让居民充分了解纳税人所应该享受到的社会福利情况，确保纳税人的权利实现。

4. 完善教育财政转移支付制度，建立科学、有效的财政补助制度

教育财政转移支付可以从纵向和横向两个方面着手。在纵向转移支付的框架中，以弥补各级地方政府的教育财政收支缺口为目标，具体可以分为一般性教育财政转移支付和专项教育财政转移支付。一般性转移支付可以县为计算单位，运用以"因素法"为基础的计量经济模型来测算县级财政教育收支缺口，并以此确定对各县教育转移支付的规模，然后由中央或省级政府按相应比例进行分担。专项转移支付是为了重点解决全国义务教育的危房改造，为了边、远、少、贫地区的特殊困难及其他教学条件的改善等问题。

在横向的教育财政转移支付框架中，以促进各地方政府义务教育的均等化为目标，并由上级政府根据公共服务均等化的原则进行组织实施，比如省际之间的横向教育转移支付可以由中央财政通过中央预算组织实施。县际之间转移支付由省级政府参照省际之间的横向转移支付制度而制定具体办法。由于横向财政转移

支付在转入与转出区之间形成了明确的资金授受关系，将会有助于提高财政转移支付的透明度和资金的使用效率。当然，由于同级政府间没有任何隶属关系，其实施的难度也比纵向转移支付的要大，但只要上级政府能够通过合理的利益机制进行引导，横向转移支付的优势还是可以发挥出来的。

总之，义务教育的均衡发展不仅关系到社会的和谐发展，也关系到我国社会经济顺利转型所必需的人力资本的充分储存，更关系到整个国家的长治久安。因此，明确各级政府在义务教育中的支出责任，合理划分各级政府的责权利是确保义务教育经费能够随着经济的发展而更合理使用的关键，也是规范政府行为，提高政府适应市场经济能力和执政能力的重要途径。

附　录

附表：A1

1996~2004 年小学生均教育经费利用效率得分

地区	1996 年				1997 年				1998 年			
	技术效率	纯技术效率	规模效率	规模报酬	技术效率	纯技术效率	规模效率	规模报酬	技术效率	纯技术效率	规模效率	规模报酬
北京	0.916	0.956	0.958	irs	0.919	0.954	0.963	irs	0.928	0.972	0.955	irs
天津	0.915	0.953	0.960	irs	0.918	0.953	0.963	irs	0.920	0.941	0.978	irs
河北	0.920	0.934	0.985	drs	0.922	0.933	0.988	drs	0.926	0.935	0.99	drs
山西	0.928	0.946	0.981	irs	0.932	0.945	0.986	irs	0.958	0.963	0.995	irs
内蒙古	0.921	0.938	0.982	irs	0.929	0.938	0.99	irs	0.936	0.966	0.969	irs
辽宁		0.922	0.988	0.933	0.931	0.987	0.943	irs	0.935	1	0.929	irs
吉林	0.916	1.004	0.912	irs	0.92	0.998	0.922	irs	0.926	0.995	0.931	irs
黑龙江	0.920	0.951	0.967	irs	0.925	0.954	0.97	irs	0.931	0.978	0.952	irs
上海	0.926	0.998	0.928	irs	0.930	0.991	0.938	irs	0.942	1	0.93	irs
江苏	0.935	0.974	0.960	drs	0.938	0.973	0.964	drs	0.945	0.948	0.997	drs
浙江	0.931	0.942	0.988	irs	0.939	0.941	0.998	irs	0.952	0.989	0.963	irs
安徽	0.956	0.975	0.981	–	0.96	0.971	0.989	–	0.978	0.978	1	–

（续表）

地区	1996 年				1997 年				1998 年			
	技术效率	纯技术效率	规模效率	规模报酬	技术效率	纯技术效率	规模效率	规模报酬	技术效率	纯技术效率	规模效率	规模报酬
福建	0.931	0.948	0.982	drs	0.933	0.941	0.992	–	0.932	0.943	0.988	irs
江西	0.971	0.993	0.978	irs	0.987	0.998	0.989	drs	0.980	1	0.978	drs
山东	0.920	0.974	0.945	drs	0.931	0.979	0.951	drs	0.928	0.962	0.965	drs
河南	0.959	1.002	0.957	–	0.966	0.999	0.967	–	0.978	0.996	0.962	drs
湖北	0.931	0.969	0.961	drs	0.938	0.969	0.968	drs	0.942	0.986	0.955	irs
湖南	0.956	1.004	0.952	drs	0.96	0.998	0.962	irs	0.945	0.981	0.963	drs
广东	0.954	0.997	0.957	drs	0.963	0.998	0.965	drs	0.956	0.978	0.978	drs
广西	0.939	0.975	0.963	irs	0.948	0.969	0.978	irs	0.951	0.971	0.979	irs
海南	0.931	0.988	0.942	irs	0.941	0.991	0.95	irs	0.944	0.995	0.949	irs
重庆	0.944	0.987	0.956	irs	0.955	0.991	0.96	irs	0.964	0.999	0.965	irs
四川	0.945	0.963	0.981	drs	0.95	0.963	0.987	drs	0.970	0.998	0.972	drs
贵州	0.953	0.970	0.982	irs	0.963	0.971	0.992	–	0.984	1	0.969	irs
云南	0.948	1.003	0.945	drs	0.951	0.996	0.955	drs	0.963	1	0.959	drs
西藏	0.943	1.002	0.941	irs	0.948	0.999	0.949	irs	0.952	0.986	0.966	irs
陕西	0.936	1.000	0.936	irs	0.941	0.995	0.946	irs	0.948	0.997	0.951	irs
甘肃	0.960	0.981	0.979	–	0.964	0.974	0.99	–	0.977	0.988	0.989	–
青海	0.939	0.995	0.944	irs	0.943	0.995	0.948	irs	0.943	0.994	0.949	irs
宁夏	0.952	0.994	0.958	irs	0.956	0.988	0.968	irs	0.968	1	0.962	irs
新疆	0.918	0.988	0.929	irs	0.929	0.998	0.931	irs	0.933	0.999	0.932	irs

（续表）

地区	1999 年				2000 年				2001 年			
	技术效率	纯技术效率	规模效率	规模报酬	技术效率	纯技术效率	规模效率	规模报酬	技术效率	纯技术效率	规模效率	规模报酬
北京	0.932	0.943	0.989	irs	0.935	0.942	0.993	irs	0.922	0.944	0.977	irs
天津	0.922	0.932	0.989	irs	0.928	0.932	0.996	irs	0.924	0.932	0.991	irs
河北	0.930	0.932	0.998	drs	0.937	0.942	0.995	drs	0.935	0.938	0.997	drs
山西	0.958	0.967	0.987	irs	0.965	0.927	1	irs	0.960	0.937	1	–
内蒙古	0.940	0.941	1	–	0.944	0.921	1	irs	0.938	0.921	1	–
辽宁	0.940	0.987	0.952	irs–	0.946	0.997	0.949	irs	0.951	0.995	0.956	irs
吉林	0.932	0.980	0.951	irs	0.938	0.983	0.954	irs	0.943	0.995	0.948	irs
黑龙江	0.934	0.953	0.980	irs	0.938	0.963	0.974	irs	0938	0.962	0.975	irs
上海	0.951	0.972	0.978	irs	0.953	0.971	0.981	irs	0.940	0.972	0.967	irs
江苏	0.951	0.946	1.005	drs	0.951	0.946	1	drs	0.952	0.962	0.990	drs
浙江	0.956	0.962	0.994	irs	0.962	0.971	0.991	irs	0.953	0.967	0.986	irs
安徽	0.978	0.977	1	–	0.989	0.997	0.998	irs	1	1	1	–
福建	0.936	0.958	0.977	drs	0.942	0.965	0.993	irs	0.943	0.925	1	–
江西	0.987	0.945	1	–	0.992	0.952	1	–	0.976	0.952	1	–
山东	0.934	0.941	0.993	drs	0.936	0.951	0.984	drs	0.948	0.961	0.986	drs
河南	0.989	0.976	1	–	1	1	1	–	0.994	0.996	0.998	drs
湖北	0.952	0.968	0.983	drs	0.962	0.968	0.998	drs	0.962	0.980	0.982	irs
湖南	0.951	0.941	1	–	0.963	0.951	1	irs	0.963	0.951	1	drs
广东	0.963	0.971	0.992	drs	0.973	0.974	0.999	drs	0.974	0.966	1	drs
广西	0.955	0.964	0.991	irs	0.958	0.971	0.994	irs	0.973	0.982	0.999	irs
海南	0.949	0.964	0.984	irs	0.956	0.987	0.992	irs	0.952	0.989	0.963	irs

（续表）

地区	1999 年				2000 年				2001 年			
	技术效率	纯技术效率	规模效率	规模报酬	技术效率	纯技术效率	规模效率	规模报酬	技术效率	纯技术效率	规模效率	规模报酬
重庆	0.968	0.975	0.993	irs	0.971	0.968	1	irs	0.976	0.963	1	–
四川	0.977	0.981	0.996	drs	0.978	0.966	1	drs	0.982	0.972	1	–
贵州	0.985	0.986	0.999	irs	0.983	0.9986	0.984	–	0.996	0.962	1	–
云南	0.968	0.979	0.989	drs	0.988	0.989	0.999	drs	0.962	0.985	0.977	drs
西藏	0.960	0.994	0.966	irs	0.965	0.994	0.971	irs	0.955	0.986	0.969	irs
陕西	0.959	0.978	0.981	irs	0.968	0.998	0.970	irs	0.961	0.977	0.984	irs
甘肃	0.988	0.967	1	–	0.996	0.987	1	–	0.992	0.986	1.006	–
青海	0.957	0.980	0.977	irs	0.969	0.988	0.981	irs	0.962	0.988	0.974	irs
宁夏	0.977	0.988	0.993	irs	0.989	0.972	1	–	0.997	0.996	1	–
新疆	0.943	0.966	0.976	irs	0.934	0.976	0.957	irs	0.938	0.999	0.939	irs

地区	2002 年				2003 年				2004 年			
	技术效率	纯技术效率	规模效率	规模报酬	技术效率	纯技术效率	规模效率	规模报酬	技术效率	纯技术效率	规模效率	规模报酬
北京	0.916	0.934	0.981	irs	0.892	0.931	0.973	irs	0.886	0.924	0.959	irs
天津	0.916	0.918	0.998	irs	0.908	0.918	0.993	irs	0.891	0.908	0.981	irs
河北	0.926	0.923	1	–	0.916	0.921	1.002	drs	0.913	0.918	0.995	drs
山西	0.952	0.927	1	–	0.938	0.922	1.027	irs	0.917	0.917	1	–
内蒙古	0.930	0.917	1	–	0.915	0.921	1.001	irs	0.895	0.915	0.978	irs
辽宁	0.932	0.991	0.940		0.924	0.99	0.941	irs	0.91	0.984	0.925	irs
吉林	0.926	0.993	0.933	irs	0.906	0.98	0.940	irs	0.89	0.981	0.907	irs
黑龙江	0924	0.955	0.968	irs	0.912	0.941	0.975	irs	0.899	0.945	0.951	irs
上海	0.923	0.968	0.954	irs	0.910	0.958	0.957	irs	0.902	0.963	0.937	irs

（续表）

地区	2002 年				2003 年				2004 年			
	技术效率	纯技术效率	规模效率	规模报酬	技术效率	纯技术效率	规模效率	规模报酬	技术效率	纯技术效率	规模效率	规模报酬
江苏	0.940	0.932	1.009	drs	0.930	0.912	1	–	0.922	0.923	0.999	drs
浙江	0.942	0.961	0.980	irs	0.934	0.931	1	–	0.928	0.954	0.973	irs
安徽	1	1	1	–	1	1	1	–	1	1	1	–
福建	0.939	0.919	1	–	0.926	0.902	1	–	0.913	0.914	0.999	irs
江西	0.970	0.962	1	–	0.954	0.935	1	drs	0.944	0.955	0.988	drs
山东	0.936	0.951	0.984	drs	0.918	0.955	0.968	drs	0.908	0.945	0.961	drs
河南	1	1	1	–	1	1	1	–	1	1	1	–
湖北	0.952	0.979	0.972	drs	0.943	0.967	0.978	drs	0.936	0.970	0.965	irs
湖南	0.959	0.944	1	–	0.941	0.942	1	–	0.932	0.936	0.996	drs
广东	0.967	0.963	1	–	0.953	0.935	1	–	0.945	0.956	0.989	drs
广西	0.961	0.951	1	–	0.946	0.94	1	–	0.938	0.946	0.992	irs
海南	0.941	0.998	0.943	irs	0.930	0.978	0.957	irs	0.922	0.984	0.937	irs
重庆	0.961	0.978	0.983	irs	0.945	0.942	1	–	0.937	0.972	0.964	irs
四川	0.968	0.966	1.002	drs	0.951	0.965	0.995	drs	0.943	0.955	0.987	drs
贵州	0.993	0.999	0.994	irs	0.983	0.988	1.002	–	0.976	0.998	0.978	irs
云南	0.952	0.995	0.957	drs	0.942	0.99	0.954	drs	0.936	0.990	0.945	drs
西藏	0.946	1	0.946	irs	0.951	1	0.945	irs	0.975	1.000	0.975	irs
陕西	0.951	0.998	0.953	irs	0.916	0.986	0.949	irs	0.926	0.980	0.945	irs
甘肃	1	1	1	–	1	1	1	–	1	1	1	–
青海	0.951	0.991	0.960	irs	0.942	0.999	0.941	irs	0.935	0.989	0.945	irs
宁夏	0.990	1	0.990	irs	0.972	1	0.983	irs	0.969	1.000	0.969	irs
新疆	0.918	0.992	0.925	irs	0.924	0.983	0.927	irs	0.905	0.986	0.918	irs

附表：A2

1996~2004 年初中生均教育经费利用效率得分

地区	1996 年				1997 年				1998 年			
	规模报酬	技术效率	纯技术效率	规模效率	规模报酬	技术效率	纯技术效率	规模效率	技术	效率	纯技术效率	规模效率
北京	0.737	0.791	0.932	drs	0.742	0.814	0.912	irs	0.748	0.803	0.932	Irs
天津	0.815	0.918	0.888	drs	0.816	0.936	0.872	drs	0.820	0.924	0.887	Drs
河北	0.932	0.968	0.963	drs	0.923	0.990	0.932	drs	0.935	0.986	0.948	Drs
山西	0.864	0.995	0.868	drs	0.862	0.994	0.867	drs	0.881	1.003	0.878	Drs
内蒙古	0.821	0.910	0.902	drs	0.832	0.898	0.927	drs	0.835	0.900	0.928	Drs
辽宁	0.835	0.876	0.953	drs	0.822	0.891	0.923	drs	0.844	0.902	0.936	Irs
吉林	0.817	0.896	0.912	drs	0.823	0.891	0.924	drs	0.832	0.893	0.932	Drs
黑龙江	0.924	0.988	0.935	drs	0.924	0.980	0.943	drs	0.934	0.983	0.95	Drs
上海	0.769	0.835	0.921	drs	0.753	0.827	0.911	drs	0.775	0.838	0.925	Drs
江苏	0.873	0.908	0.961	drs	0.878	0.898	0.978	drs	0.878	0.896	0.98	Drs
浙江	0.834	0.877	0.951	drs	0.830	0.901	0.921	drs	0.834	0.891	0.936	Drs
安徽	0.958	0.996	0.962	irs	0.952	0.989	0.963	drs	0.972	0.994	0.978	Drs
福建	0.870	0.934	0.931	drs	0.842	0.903	0.932	drs	0.861	0.946	0.91	Drs
江西	0.878	0.923	0.951	irs	0.878	0.942	0.932	irs	0.877	0.943	0.93	Irs
山东	0.952	1.044	0.912	irs	0.921	0.959	0.960	drs	0.928	0.964	0.963	Drs
河南	0.968	1.020	0.949	drs	0.970	0.996	0.974	drs	0.975	0.988	0.987	Drs
湖北	0.923	0.952	0.970	drs	0.932	0.990	0.941	drs	0.947	0.997	0.95	Drs
湖南	0.932	0.985	0.946	drs	0.940	1.005	0.935	drs	0.950	0.999	0.951	Drs
广东	0.829	0.859	0.965	drs	0.835	0.860	0.971	drs	0.835	0.855	0.977	Drs
广西	0.935	0.988	0.946	drs	0.932	0.975	0.956	drs	0.935	0.972	0.962	Drs
海南	0.761	0.826	0.921	drs	0.78	0.853	0.914	drs	0.788	0.849	0.928	Drs
重庆	0.816	0.885	0.922	drs	0.821	0.900	0.912	drs	0.834	0.897	0.930	Drs
四川	0.932	0.969	0.962	irs	0.932	0.963	0.968	drs	0.942	0.963	0.978	Drs

（续表）

地区	1996 年				1997 年				1998 年			
	规模报酬	技术效率	纯技术效率	规模效率	规模报酬	技术效率	纯技术效率	规模效率	技术	效率	纯技术效率	规模效率
贵州	0.936	0.995	0.941	irs	0.932	0.989	0.942	irs	0.946	0.991	0.955	Irs
云南	0.922	1.011	0.912	drs	0.901	0.996	0.905	drs	0.922	0.991	0.93	Drs
西藏	0.818	0.893	0.916	irs	0.798	0.857	0.931	irs	0.810	0.869	0.932	Irs
陕西	0.911	0.968	0.941	drs	0.913	0.981	0.931	drs	0.918	0.954	0.962	Drs
甘肃	0.845	0.929	0.910	irs	0.844	0.906	0.932	irs	0.858	0.921	0.932	Irs
青海	0.752	0.871	0.863	irs	0.751	0.838	0.896	drs	0.783	0.880	0.890	Drs
宁夏	0.774	0.888	0.872	irs	0.775	0.873	0.888	irs	0.788	0.884	0.891	Drs
新疆	0.813	0.872	0.932	irs	0.835	0.883	0.946	drs	0.853	0.901	0.947	Drs

地区	1999 年				2000 年				2001 年			
	技术效率	纯技术效率	规模效率	规模报酬	技术效率	纯技术效率	规模效率	规模报酬	技术效率	纯技术效率	规模效率	规模报酬
北京	0.753	0.811	0.928	irs	0.763	0.810	0.942	drs	0.756	0.812	0.931	drs
天津	0.826	0.927	0.891	drs	0.835	0.916	0.912	drs	0.832	0.939	0.886	drs
河北	0.941	0.985	0.955	drs	0.963	0.995	0.968	drs	0.95	0.984	0.965	drs
山西	0.887	1.008	0.88	drs	0.914	1.002	0.912	drs	0.893	0.989	0.903	drs
内蒙古	0.841	0.902	0.932	irs	0.862	0.916	0.941	irs	0.853	0.911	0.936	drs
辽宁	0.846	0.898	0.942	irs	0.872	0.926	0.942	drs	0.851	0.911	0.934	irs
吉林	0.841	0.902	0.932	drs	0.852	0.914	0.932	drs	0.846	0.905	0.935	drs
黑龙江	0.940	0.974	0.965	drs	0.963	0.992	0.971	irs	0.956	0.994	0.962	irs
上海	0.762	0.818	0.931	drs	0.798	0.844	0.946	drs	0.763	0.820	0.930	drs
江苏	0.893	0.901	0.991	drs	0.912	0.919	0.992	drs	0.896	0.909	0.986	drs
浙江	0.840	0.891	0.943	drs	0.853	0.903	0.945	drs	0.843	0.892	0.945	drs
安徽	0.978	0.997	0.981	drs	0.982	0.991	0.991	drs	0.981	1.004	0.977	drs
福建	0.868	0.936	0.927	drs	0.882	0.937	0.941	drs	0.871	0.925	0.942	drs
江西	0.899	0.954	0.942	drs	0.917	0.959	0.956	drs	0.904	0.949	0.953	drs
山东	0.932	0.959	0.972	drs	0.937	0.948	0.988	drs	0.933	0.951	0.981	drs

（续表）

地区	1999 年				2000 年				2001 年			
	技术效率	纯技术效率	规模效率	规模报酬	技术效率	纯技术效率	规模效率	规模报酬	技术效率	纯技术效率	规模效率	规模报酬
河南	0.998	0.999	0.999	drs	0.999	0.999	1	–	0.999	1.000	0.999	drs
湖北	0.958	0.997	0.961	drs	0.971	1.008	0.963	drs	0.963	0.998	0.965	drs
湖南	0.956	1.001	0.955	drs	0.976	1.008	0.968	irs	0.963	0.996	0.967	drs
广东	0.843	0.854	0.987	drs	0.856	0.863	0.992	drs	0.846	0.849	0.997	drs
广西	0.938	0.968	0.969	drs	0.952	0.971	0.98	drs	0.945	0.962	0.982	drs
海南	0.791	0.849	0.932	drs	0.812	0.870	0.933	drs	0.806	0.865	0.932	drs
重庆	0.836	0.897	0.932	drs	0.856	0.905	0.946	drs	0.843	0.892	0.945	drs
四川	0.946	0.963	0.982	drs	0.952	0.963	0.989	drs	0.956	0.969	0.987	drs
贵州	0.952	0.989	0.963	irs	0.958	0.997	0.961	irs	0.956	0.990	0.966	irs
云南	0.912	0.991	0.92	drs	0.932	0.983	0.948	drs	0.923	0.981	0.941	drs
西藏	0.808	0.873	0.926	irs	0.826	0.874	0.945	irs	0.812	0.872	0.931	irs
陕西	0.921	0.961	0.958	irs	0.948	0.969	0.978	irs	0.926	0.954	0.971	irs
甘肃	0.863	0.937	0.921	drs	0.872	0.945	0.923	drs	0.863	0.938	0.92	drs
青海	0.772	0.869	0.888	drs	0.788	0.847	0.93	drs	0.784	0.885	0.886	drs
宁夏	0.794	0.890	0.892	drs	0.822	0.900	0.913	irs	0.796	0.897	0.887	drs
新疆	0.843	0.886	0.952	drs	0.863	0.893	0.966	drs	0.839	0.880	0.953	drs

地区	2002 年				2003 年				2004 年			
	技术效率	纯技术效率	规模效率	规模报酬	技术效率	纯技术效率	规模效率	规模报酬	技术效率	纯技术效率	规模效率	规模报酬
北京	0.748	0.810	0.923	drs	0.742	0.801	0.926	drs	0.738	0.805	0.917	drs
天津	0.81	0.931	0.87	drs	0.812	0.913	0.889	irs	0.797	0.924	0.863	drs
河北	0.945	0.992	0.953	drs	0.947	0.990	0.957	drs	0.937	0.991	0.946	drs
山西	0.886	0.993	0.892	drs	0.887	0.994	0.892	drs	0.879	0.998	0.881	drs
内蒙古	0.832	0.897	0.928	drs	0.83	0.891	0.932	drs	0.817	0.889	0.919	drs
辽宁	0.841	0.911	0.923	irs	0.845	0.913	0.926	irs	0.839	0.923	0.909	drs
吉林	0.835	0.902	0.926	drs	0.836	0.901	0.928	drs	0.822	0.899	0.914	drs

（续表）

地区	2002 年				2003 年				2004 年			
	技术效率	纯技术效率	规模效率	规模报酬	技术效率	纯技术效率	规模效率	规模报酬	技术效率	纯技术效率	规模效率	规模报酬
黑龙江	0.944	0.991	0.953	drs	0.941	0.988	0.952	irs	0.934	0.989	0.944	irs
上海	0.759	0.819	0.927	drs	0.756	0.814	0.929	drs	0.746	0.811	0.920	drs
江苏	0.889	0.906	0.981	drs	0.885	0.902	0.981	drs	0.877	0.899	0.976	drs
浙江	0.832	0.889	0.936	drs	0.878	0.939	0.935	drs	0.800	0.865	0.925	drs
安徽	0.973	0.998	0.975	drs	0.978	1.003	0.975	drs	0.965	0.996	0.969	drs
福建	0.863	0.923	0.935	drs	0.857	0.915	0.937	drs	0.855	0.923	0.926	drs
江西	0.897	0.948	0.946	drs	0.893	0.944	0.946	drs	0.887	0.945	0.939	drs
山东	0.927	0.948	0.978	drs	0.902	0.925	0.975	drs	0.901	0.938	0.961	drs
河南	0.997	0.997	1	–	1	1	1	–	1	1	1	–
湖北	0.953	0.996	0.957	drs	0.952	0.989	0.963	drs	0.946	0.997	0.949	drs
湖南	0.951	0.992	0.959	drs	0.953	1.000	0.953	drs	0.941	0.996	0.945	drs
广东	0.836	0.845	0.989	drs	0.832	0.840	0.99	drs	0.829	0.845	0.981	drs
广西	0.932	0.960	0.971	drs	0.928	0.964	0.963	drs	0.918	0.956	0.960	drs
海南	0.789	0.855	0.923	drs	0.782	0.856	0.914	drs	0.772	0.855	0.903	drs
重庆	0.825	0.884	0.933	drs	0.819	0.879	0.932	drs	0.809	0.878	0.921	drs
四川	0.941	0.949	0.992	drs	0.934	0.947	0.986	drs	0.926	0.932	0.994	drs
贵州	0.946	0.992	0.954	irs	0.938	0.985	0.952	drs	0.930	0.988	0.941	drs
云南	0.909	0.975	0.932	drs	0.901	0.988	0.912	drs	0.899	0.999	0.900	drs
西藏	0.797	0.866	0.92	irs	0.781	0.836	0.934	irs	0.771	0.845	0.911	irs
陕西	0.913	0.948	0.963	irs	0.921	0.957	0.962	irs	0.902	0.941	0.959	drs
甘肃	0.858	0.952	0.901	drs	0.857	0.944	0.908	irs	0.843	0.943	0.894	drs
青海	0.768	0.889	0.864	drs	0.775	0.898	0.863	drs	0.759	0.895	0.848	drs
宁夏	0.786	0.887	0.886	drs	0.777	0.880	0.883	irs	0.768	0.879	0.874	drs
新疆	0.832	0.884	0.941	drs	0.82	0.888	0.923	drs	0.818	0.892	0.917	drs

参考文献

一、中文文献

[1] 杜育红：《教育发展不平衡研究》，北京师范大学出版社 2000 年版。

[2] 王蓉：《"十五"期间国家贫困地区研究——我国义务教育经费的地区性差异研究》，教育部网页，2001 年。

[3] 王庆环：《缩小差距——中国教育政策的重大命题》，《光明日报》2005 年 6 月 30 日。

[4] 詹姆斯·海克曼：《被中国忽视的人力资本投资》，摘自王明方、伊文媛编译：《经济学消息报》2002 年 12 月 13 日。

[5] 毛程连：《公共产品理论与公共选择理论关系之辨析》，《财政研究》2003 年第 5 期。

[6] 安东尼·D.阿特金森、约瑟夫·E.斯蒂格利茨：《公共经济学》，上海人民出版社 1994 年版。

[7] 米尔顿·弗里德曼、罗斯·弗里德曼：《自由选择：个人声明》，上海商务印书馆 1998 年版。

[8] 弗里德利希·冯·哈耶克：《自由秩序原理》，上海三联书店 1997 年版。

[9] 王善迈：《教育服务不应产业化》，《求是》2000 年第 1 期。

[10] 厉以宁：《关于教育产品的性质和对教育的经营》，《教育发展研究》1999 年第 10 期。

[11] 胡鞍刚、熊志义:《大国兴衰与人力资本变迁》,《教育研究》2003 年第 4 期。

[12] 斯蒂格利茨:《经济学》,中国人民大学出版社 1997 年版。

[13] 科斯著,刘守英等译:《社会成本问题——财产权利与制度变迁》,载《产权学派与新制度学派译文集》,上海人民出版社 1994 年版。

[14] 奥尔森:《集体行动的逻辑》,上海三联书店、上海人民出版社 1995 年版。

[15] 约翰·罗尔斯著,何怀宏等译:《正义论》,中国社会科学出版社 1988 年版。

[16] 袁振国:《论中国教育政策的转变:对我国重点中学平等与效益的个案研究》,广东教育出版社 1999 年版。

[17] 米尔顿·弗里德曼、罗斯·弗里德曼:《自由选择:个人声明》,上海商务印书馆 1982 年版。

[18] 康建英:《河北省经济增长中物质资本与人力资本的作用核算》,《河北大学学报》2005 年第 2 期。

[19] 亚当·斯密:《国富论》,上海商务印书馆 1979 年版。

[20] 马歇尔:《经济学原理》,上海商务印书馆 1964 年版。

[21]《资本论》,人民出版社 1955 年版。

[22] 吕炜:《政府间财政关系中支出问题》,《中国财经报》2005 年 3 月 8 日。

[23] 宋立、刘树杰:《各级政府公共服务事权财权配置》,中国计划出版社 2005 年版。

[24]《马克思恩格斯选集》,人民出版社 1972 年版。

[25] 胡书东:《经济发展中的中央与地方关系—— 中国财政制度变迁研究》,上海三联书店 2001 年版。

[26] 丹尼斯·缪勒著,王诚译:《公共选择》,上海商务印书馆 1992 年版。

[27] 戈登·塔洛克:《寻租》,西南财经大学出版社 1999 年版。

[28] 布坎南著,平新乔、莫扶民译:《自由.市场与国家》,上海三联书店 1989 年版。

[29] 斯蒂格利茨:《政府经济学》,春秋出版社 1988 年版。

[30] 张晏:《分税制改革、财政分权与中国经济增长》,《中国经济学》2005 年第 1 期。

[31] 乔宝云等:《中国的财政分权与小学义务教育》,《中国社会科学》2005

年第 6 期。

[32] 杨灿明等：《财政分权理论及其发展述评》，《中南财经政法大学学报》2004 年第 4 期。

[33] 刘云龙：《民主机制与民主财政——政府间财政分工及分工方式》，中国城市出版社 2001 年版。

[34] 钱颖一：《现代经济学与中国经济改革》，中国人民大学出版社 2003 年版。

[35] 杨灿明等：《财政分权理论及其发展述评》，《中南财经政法大学学报》2004 年第 4 期。

[36] 詹姆斯·M. 布坎南：《公共财政》，中国财政出版社 1991 年版。

[37] 叶文辉：《中国公共产品供给研究》，四川大学 2003 年博士学位论文。

[38] 任宗哲：《中国地方政府职能、组织、行为研究》，西北大学 2002 年博士学位论文。

[39] 宋卫刚：《政府间事权划分的概念便袭击理论分析》，《经济研究参考》2003 年第 27 期。

[40] 詹正华：《我国公共财政框架下政府职能的界定与事权划分》，《江南大学学报》2002 年第 4 期。

[41] 马海涛：《财政转移支付制度》，中国财政经济出版社 2004 年版。

[42] 刘泽云：《西方发达国家的义务教育财政转移支付制度》，《比较教育研究》2003 年第 1 期。

[43] 崔运政：《我国财政体制变迁的经济学分析》，http://www.clfr.org.cn/Get/dftz/234239489.htm2007.2.1。

[44] 何东昌：《中华人民共和国重要教育文献（1949~1997）》，海南出版社 1998 年版。

[45] 杨会良：《当代中国教育财政发展是论纲》，人民教育出版社 2006 年版。

[46] 高培勇、温来成：《市场化进程中的中国财政运行机制》，中国人民大学出版社 2001 年版。

[47] 陈国良：《教育财政国际比较》，高等教育出版社 2000 年版。

[48] 高如峰：《农村义务教育财政体制比较：美国模式与日本模式》，《教育研究》2003 年第 5 期。

[49] 王延杰等：《完善我国财政教育投入体制的思考》,《中国财经信息资料》2004 年第 17 期。

[50] 林宏、陈广汉：《居民收入差距测量的方法和指标》,《统计与预测》2003 年第 6 期。

[51] 杜玉红：《教育发展不平衡研究》, 北京师范大学出版社 2000 年版。

[52] 蒋鸣和：《中国义务教育发展县际查据估计》, 载《教育指标与政策国际研讨会论文》, 1999 年。

[53] 王蓉：《我国义务教育经费的地区性差异研究》, 载《为教育提供充足的资源——教育经济学国际研讨会论文集》, 人民教育出版社 2002 年版。

[54] 魏后凯、杨大利：《地方分权与中国地区差异》,《中国社会科学》1997 年第 1 期。

[55] 乔宝云、范剑勇、冯兴元：《中国的财政分权与小学义务教育》,《中国社会科》2005 年第 6 期。

[56] 傅勇、张晏：《中国式分权与财政支出结构偏向》, 2006 年经济学年会论文。

[57] 定军：《地方政府没有"哭穷"的理由》,《21 世纪经济报道》2006 年 11 月 1 日。

[58] 许红洲：《西部大开发迈出新步伐》,《经济日报》2006 年 12 月 3 日。

[59] 张军、傅勇等：《中国基础设施的基础研究：分权竞争、政府治理与基础设施的投资决定》, http://www.cces.cn/cces/newstxt/107%BB%F9%B4%A1%C9%E8%CA%A9.pdf ,2007. 1.21。

[60] 平新乔、白洁：《中国财政分权与地方公共品的供给》,《财贸经济》2006 年。

[61]《马克思恩格斯全集》, 人民出版社 1956 年版。

[62] 保罗·萨缪尔森、威廉·诺德豪斯：《经济学》, 华夏出版社 2003 年版。

[63] 裴红卫：《X-效率：对国有企业效率的一种非主流解说》,《预测》2003 年第 4 期。

[64] 诺思：《经济史中的结构与变迁》, 上海人民出版社 1994 年版。

[65] 吴俊培：《市场化改革与财政理论重塑》,《经济研究》1992 年第 8 期。

[66] 廖楚晖：《政府教育支出的经济分析》, 中国财政经济出版社 2004 年版。

[67] 邱彬：《政府资本性支出效率研究》, 西南财经政法大学 2002 年博士学

位论文。

[68] 桑贾伊·普拉丹著，蒋洪等译：《公共支出分析的基本方法》，中国财政经济出版社 2000 年版。

[69] 王善迈：《教育投入与产出研究》，河北教育出版社 1996 年版。

[70] 卢现祥：《西方新制度经济学》，中国发展出版社 2003 年版。

[71] 魏权龄：《数据包络分析》，科学出版社 2000 年版。

[72] 斯蒂格利茨：《公共经济学》，上海三联书店 1997 年版。

[73] 高如峰：《义务教育投资国际比较》，人民教育出版社 2003 年版。

[74] 郑新蓉：《公共教育的平等理念》，《教育研究与实践》2000 年第 1 期。

[75]《中国青年报》1999 年 12 月 25 日，转引自杨东平：《对我国教育公平问题的认识和思考》，《教育发展研究》2000 年第 8 期。

[76] 周晓红：《我国义务教育投资的问题与出路》，《现代中小学教育》1995 年第 2 期。

[77] 刘铭达：《我国政府间财政转移支付制度研究》，载《政府间财政关系——国际经验评述》论文集，2006 年。

[78] 寇铁军：《政府间事权财权划分的法律安排——英、美、日、德的经验及其对我国的启示》，《法商研究》2006 年第 6 期。

[79] 李祥云：《论义务教育财政转移支付类型与不同政策目标组合》，《教育与经济》2002 年第 4 期。

[80] 司晓宏、王华：《教育财政转移支付与义务教育均衡发展》，《陕西师范大学学报》2006 年第 2 期。

[81] 张欢：《农村义务教育经费"挤出效应"研究》，《清华大学教育研究》2004 年第 5 期。

[82] 杜育红：《中国义务教育转移支付制度研究》，《北京师范大学学报》2000 年第 1 期。

[83] 王善迈、袁连生：《建立规范义务教育财政转移支付制度》，《教育研究》2002 年第 6 期。

[84] 吴春山、龚经海：《义务教育财政转移支付制度研究》，《四川财政》2003 年第 4 期。

[85] 朱汉清：《政府转移支付的目标选择》，《财政研究》2002 年第 5 期。

[86] 财政部、教育部、上海财经大学课题组：《中国农村义务教育转移支付制度研究》，上海财经大学出版社 2005 年版。

[87] 教育部 2007 年第 2 次例行新闻发布会散发材料之一《农村义务教育经费保障机制改 革的主要内容及实施步骤》，教育部网站主页，2007 年 2 月 7 日。

[88] 盛世明：《义务教育的产品属性及其供给的博弈分析》，《上饶师范学院学报》2003 年第 4 期。

[89] 张维迎：《博弈论与信息经济学》，上海人民出版社 1996 年版。

二、英文文献

[90] Demurger, S., Infrastructure Development and Economic Growth: An Explanation for Regional Disparities in China?Journal of Comparative Economics, 2001（29）：95~117.

[91] Barlow， Robin,Efficicncy Aspccts of local School Financc Journal of Political Economy. 1970（78）：1028~1040.

[92] Boadway, R.W., and D.E.Wildason, Public Sector Economics, Little, Brown & Company（Canada）Limited, 1984：170.

[93] Barlow,Robin, Efficiency Aspects of Local School Finance,Journal of Political Economy,1970（78）:1028~1040.

[94] Tobin, J., On limiting the domain of inequality, Journal of Law and Economics 1970(13): 263~277.

[95] Bruce, N., Public Finance and American Economy, Addison−Wesley Education Publishers,1998.

[96] Coleman, J., the Concept of Equality of Education Opportunity, Harvard Educational Review, 1968（38）：7~22.

[97] Pommerehne, W., Quantitative aspects of federalism: A study of six countries, In Oates, W.（eds.），The Political Economy of Fiscal Federalism. D.C. Heath,1977.

[98] Hayek,Friedrich.A.,The Use of Knowledge in Society.American Economic Review,1945（35）

[99] Tiebout, Charles, A Pure Theory of Local Expenditures, Journal of Political Economy. 1956（640）: 416~424.

[100] Matsumoto,M.A note on the Composition of Public Expenditure under Capital Tax Competition .International Taxand Public Finance,2000(7):691~697.

[101] Oates, W. E., an Essay on Fiscal Federalism. Journal of Economic Literature, 1999（3）: 1120~1149.

[102] Tie bout, C M. A pure theory of local expediter. Journal of political Economy,1974 : 416~424.

[103] Hehui Jin, Yingyi Qian And Weigast, B.,Regional Decentralizati on And Fiscal Incentive: Federalism, Chinese Style.Mimeo: Stanford University, 1999.

[104] Qian,Yingyi,And Roland,G.Federalism And Soft2 Budget Con-straint,American Economic Review,1998（88）.

[105] Qian, Yingyi and Barry R. Weingast, Federalism as a Commitment to Preserving Market Incentives. Journal of Economic Perspectives. 1997(11) : 83~92.

[106] Ontinola, G., Y.Y. Qian, and B.R. Weingast, Federalism, Chinese StyleThe Political Basis for Economic Success in China. World Politics, October, 48, 1, 1995.

[107] McKinnon, Ronald I.,Market-Preserving Fiscal Federalism in the American Monetary Union, in M. Blejer and T. Ter-Minassian, eds., Macroeconomic Dimensions of Public Finance: Essays in Honor of Vito Tanzi（London: Routledge）, 1997:73~93.

[108] Weingast, Barry R., the Economic Role of Political Institutions: Market-Preserving Federalism and Economic Development. Journal of Law Economics, and Organization, 1995（11）:1~31.

[109] McKinnon, Thomas Nechyba, Competition in Federal Systems: The Role of Political and Financial Constraints, in J. Ferejohn and B. Weingast, eds., The New Federalism: Can the States Be Trusted?（Stanford: Hoover University Press）, 1997: 3~64.

[110] G.S tigler,Tenable Range of Function of Local Government, On Federal Expenditure Policy for Economic Growthand Stability, Joint Economic Committee, Subcommittee, Washington, D. C.,1957:213~219.

[111] E.Oates. W. Fiscal Decentralization. Harcourt, Barce and Jovanovich, 1972:31.

[112] Buchanan,J.M.,An Economic Theory of Clubs, Economica,1965（23）:1~14.

[113] R.W.Tresch Public Finance:A Normati Theory,Plano,TX:Business Publication,1981:574~576.

[114] Bretion, A.,Competitive Governments : An Economic Theory of Politics and Public Finance. Cambridge : Cambridge Univeristy of Press, 1998.

[115] Hayek, Friedrich A. The Use of Knowledge in Society. American Economic Review, 1945:（35）.

[116] Ricard W.Tresch. Publie finance. Business publication.Inc.1981:574~576.

[117] Frey, Bruno and Reiner Eichenberger,FOCJ: Competitive Governments for Europe, International Review of Law and Economics, 1996(16): 315~327.

[118] David L.Angus,On the Sources of Inequaility of Financing Basic Education in the U.S.,1998.

[119] Oates, W. E., Fiscal Decentralization and Economic Development: Some Reflections, Preliminary draft, 2001.

[120] David E. Witdasin,The Nobel Laureates and Their Contributions to Public Economics, International Tax and Public Finance,1998(5): 63~66.

[121] Oates, W.E., Schwab, R. M., Economic competition among jurisdictions: Efficiency enhancing or distortion inducing? Journal of Public Economics 1988(35): 333~354.

[122] Letelier, L., Effect of Fiscal Decentralisation on the Efficiency of the Public Sector ,The Cases of Education and Health, Conference Paper,57th Congress of the International Institute of Public Finance（IIPF）, A.Linz, August, 2001:27~30.

[123] Rondinelli DA. Nellis JR. Cheema GS, Decentralization in developing countries: a review of recent experience. World Bank: Washington, D.C., 1983.

[124] Collins, C., and A. Green, Decentralization and primary health care: some negative implications in developing countries, International Journal of Health Service, 1994（24）:459~469.

[125] Martinez–Vazquez, Jorge and R.M. McNab, 2003, Fiscal decentralization and economic growth，World Development，2003（31）:1597~1616.

[126] Inman M.and Rubmfeld. D. Rethinking Federalism. Journal of Economic Perspective，1997（4）.

[127] Samuelson, P. A. The Pure theory of public expenditure. Review of Economics and Statistics, 1954（36）:387~389.

[128] Musgrave，R.A.，The Theory of Public Finance，New York:McGraw–Hill，1959.

[129] Niskanen, W.AJr,Bureacracy and Representatitive Government, Chicago: Aldine Aterton ,1971.

[130] Olson, Mancur J r.,The Principle of "Fiscal Equivalence"：The Division of Responsibilities among Different Levels of Government,The American Economic Review, 1969（69）：479~487.

[131] Ostrom, Vincent, Charles M.,Tiebout, Robert Warren, 1,The Organization of Government in Metropolitan Areas: A Theoretical Inquiry, The American Political Science Review, 1961（55）:831~842.

[132] Young, Dennis R.,Consolidation or Diversity:Choices in the Structure of Urban Governance,The American Economic Review, Vol.66, No2,Papers and Peoceedings of the Eight–eighth Annual Meeting of the American Economic Association,1976：.378~385.

[133] Hoxby ，Caroline Minter.Are Efficiency and Equity in School Finance Substitutes or Complements.Journal of Economic Perspectives ,1996（4）：51~72.

[134] Mauro, Paolo,The Effects of Corruption on Growth, Investment, and Government Expenditure: A Cross Country Analysis,in Corruption and the Global Economy, edited by Kimberly Ann Elliott, Washington: Institute for International Economics.1997.

[135] Simone.Fiscal Incentives and Public Goods Provision: An Analysis of the Competition among Brazilian States for Investments.

[136] Musgrave, R. A., & Musgrave, P. B.Public finance in theory and practice. New York: McGraw–Hill. 1980.

[137] Keen, M. and M. Marchand, Fiscal Competition and the Pattern of Public Spending. Journal of Public Economics1997（66）: 33~53.

[138] H.Leibenstein.Allocative Efficiency vs "X Efficiency", AmericanEconomic Review ,1966（3）: 407.

[139] Leibenstein,Harvey, "Allocative Efficiency vs 'X-Efficiency'" ,in Mansfield, Microeconomics Readings, 1996 : 210~229.

[140] Banker, R.D., A. Charnes and W. W. Cooper, Some Models for Estimating Technical and Scale Inefficiencies in Data Envelopment Analysis, Management Science, 1984（30）:1078~1092.

[141] Coelli, Tim, D. S. Prasada Rao, and George E. Battese, An Introduction to Efficiency and Productivity Analysis（Boston: Kluwer Academic Publishers, 1998.

[142] Letelier, L. Effect of Fiscal Decentralisation on the Efficiency of the Public Sector, The Cases of Education and Health, Conference Paper, 57th Congress of the International Institute of public Finance（IIPF）, A. Linz, 2001:27~30.

[143] Robert Nozick:Anarchy ,State and Utopia , Oxford , Blackwell,1974.

[144] Rati Ram, Public Educational ExPenditures in Industrialized Countries : An Analytical Comparison ,1991 : 14.

[145] A.C.Pigou. the Economics of Welfare. Macmillan Co, 1952.

[146] David L.Angus,On the Sources of Inequaility of Financing Basic Education in the U.S., 1998.

后 记

　　本书是在笔者博士论文和后续相关研究的基础上整理而成的,行将付梓之际,非常激动!

　　首先我要衷心感谢我的导师原新教授,在先生三年的直接指导和垂范下,我的学术视野得以拓宽,基础知识得以巩固,使我有了追踪、把握本学科领域前沿性问题的可能,使我懂得了什么叫做学术规范。在论文选题、写作过程中先生给予了我精心指导和帮助。每有难疑,先生总是及时为我指点迷津,廓清思路,鼓励我迎难而上。先生严谨的治学态度、不知疲倦的工作精神,令我非常感动,催我奋进。除了学术上的谆谆教导,我还从先生的言传身教中学会了豁达、开朗、包容和诚实的待人之道和人生哲理,让我受益终身。

　　我要衷心感谢李建民教授、王金营教授、陈卫民教授、朱镜德老师和黄乾老师,感谢他们用灵敏的思维和丰富的知识给了我无限的启发,引导我进入绚丽而深奥的知识殿堂。感谢他们给予我的精心指导和无私帮助。

　　此外,还要感谢党俊武,邹国防、张学英、荆克晶、刘永、刘维麟等师兄师妹和同学,是他们在生活和学习中给了我很大的帮助和启发,回想那些令人难忘的相互关怀、相互勉励的快乐岁月,心情久久不能平静!

　　最后,还要感谢我的家人,是他们用自己的辛劳为我支撑起一片晴朗的天空,在我最艰难的时候为我遮挡阴霾,给我创造出安静的环境,给予我默默无闻的支持!

　　是真情、是友情、是亲情鼓励我成长、奋进。最后,我将最真诚的祝福献给每一位老师、同学,献给我的家人,感谢你们给予我的无私帮助和关爱!

康建英

2011 年 10 月 20 日于河南师范大学

责任编辑:邵永忠

封面设计:杨林楠

责任校对:吕　飞

图书在版编目(CIP)数据

财政分权体制下政府义务教育支出研究/康建英 著.
　-北京:人民出版社,2012.8
ISBN 978－7－01－010738－7

Ⅰ.①财…　Ⅱ.①康…　Ⅲ.①义务教育-财政支出-研究-中国
　Ⅳ.①G522.3

中国版本图书馆 CIP 数据核字(2012)第 041436 号

财政分权体制下政府义务教育支出研究

CAIZHENG FENQUAN TIZHI XIA ZHENGFU YIWU JIAOYU ZHICHU YANJIU

康建英　著

人民出版社 出版发行

(100706　北京朝阳门内大街 166 号)

北京瑞古冠中印刷厂印刷　新华书店经销

2012 年 8 月第 1 版　2012 年 8 月北京第 1 次印刷

开本:710 毫米×1000 毫米 1/16　印张:11.5

字数:210 千字　印数:0,001-2,000 册

ISBN 978－7－01－010738－7　定价:28.00 元

邮购地址 100706　北京朝阳门内大街 166 号

人民东方图书销售中心　电话 (010)65250042　65289539